LA EDAD DE
LOS MILAGROS

OTROS TÍTULOS EN ESPAÑOL DE HAY HOUSE

El Asombroso Poder de las Emociones, Esther y Jerry Hicks
Aventuras de una Psíquica, Sylvia Browne
Cambie sus Pensamientos y Cambie su Vida, Dr. Wayne W. Dyer
Conexiones Espirituales, Sylvia Browne (2009)
Conversaciones con el Otro Lado, Sylvia Browne
Curándote con los Ángeles: Cartas Oráculas, Doreen Virtue
La Desaparición del Universo, Gary R. Renard (2009)
Dios, La Creación e Instrumentos para la Vida, Sylvia Browne
El Fascinante Poder de la Intención Deliberada, Esther y Jerry Hicks
Feng Shui para Occidente, Terah Kathryn Collins
Gratitud, Louise L. Hay
Guía Diaria de sus Ángeles, Doreen Virtue
Inspiración, Dr. Wayne W. Dyer
La Ley de Atracción, Esther y Jerry Hicks
Lecciones de Vida, Sylvia Browne
El Libro de los Ángeles, Sylvia Browne
Meditaciones para Sanar Tu Vida, Louise L. Hay
Un Mensaje de García, Charles Patrick Garcia
¡El Mundo Te Está Esperando!, Louise L. Hay
La Naturaleza del Bien y del Mal, Sylvia Browne
Ni Delgada Ni Rubia, Monique Marvez (2010)
Los Niños Índigo, Lee Carroll y Jan Tober
La Oración y las Cinco Etapas de Curación,
Ron Roth, Ph.D., y Peter Occhiogrosso
Pedid que ya se os ha dado, Esther y Jerry Hicks
Pensamientos del Corazón, Louise L. Hay
La Perfección del Alma, Sylvia Browne
El Poder Contra la Fuerza, David R. Hawkins, M.D., Ph.D.
El Poder Está Dentro de Ti, Louise L. Hay
El Poder de la Intención, Wayne W. Dyer, Ph.D.
Respuestas, Louise L. Hay
Sana Tu Cuerpo, Louise L. Hay
Sana Tu Cuerpo A–Z, Louise L. Hay
Sánese con los Ángeles, Doreen Virtue
10 Secretos para Conseguir el Éxito y la Paz Interior, Dr. Wayne W. Dyer
Secretos y Misterios del Mundo, Sylvia Browne
Si Usted Pudiera Ver lo que Yo Veo, Sylvia Browne
Sobrevivir para Contarlo, Immaculée Ilibagiza
Sociedades Secretas, Sylvia Browne (2009)
Su Realidad Immortal, Gary R. Renard (2010)
Usted Puede Sanar Su Vida, Louise L. Hay
La Vida es Corta: Póngase sus Pantalones de Fiesta, Loretta LaRoche
Vive Tu Vida, Carlos Warter, M.D., Ph.D.
Vivir en Equilibrio, Dr. Wayne W. Dyer
¡Vivir! Reflexiones Sobre Nuestro Viaje por la Vida, Louise L. Hay

(760) 431-7695 ó (800) 654-5126 • (760) 431-6948
(fax) ó (800) 650-5115 (fax)
Hay House USA: **www.hayhouse.com**®

LA EDAD DE LOS MILAGROS

CÓMO ADOPTAR UNA NUEVA
PERSPECTIVA ANTE LA MEDIANA EDAD

MARIANNE WILLIAMSON

HAY HOUSE, INC.
Carlsbad, California • New York City
London • Sydney • Johannesburg
Vancouver • Hong Kong • New Delhi

Publicado y distribuido en los Estados Unidos por: Hay House, Inc., P.O. Box 5100, Carlsbad, CA 92018-5100 USA • (760) 431-7695 o al (800) 654-5126 • (760) 431-6948 (fax) o al (800) 650-5115 (fax) • www.hayhouse.com®

Supervisión de la editorial: Jill Kramer • *Diseño:* Riann Bender
Traducción al español: Adriana Miniño: **adriana@mincor.net**

Título del original en inglés: *THE AGE OF MIRACLES: Embracing the New Midlife*

Letra de la canción "Nick·of Time" usada con el permiso de Bonnie Raitt, Kokomo Music, Inc., ASCAP.

ISBN: 978-1-4019-2272-6

Impresión #1: noviembre 2008

Impreso en los Estados Unidos de América

Para mi hija,
quien es más que mi adoración

CONTENIDO

Introducción ix

CAPÍTULO 1: El camino largo y tortuoso.................. 1

CAPÍTULO 2: ¿Cree en la magia? 11

CAPÍTULO 3: Un momento crítico 39

CAPÍTULO 4: Sólo Dios sabe 57

CAPÍTULO 5: La forma en que ella actuó y
el color de su cabello........................ 79

CAPÍTULO 6: Sobreviviré...................................... 101

CAPÍTULO 7: A la medianoche 127

CAPÍTULO 8: Abraham, Martin y John................. 145

CAPÍTULO 9: Somos el mundo 167

Agradecimientos 191
Acerca de la autora... 192

*Totalmente inexpertos entramos en la tarde de la
vida; peor todavía, damos
este paso con la falsa presunción de que
nuestras verdades e ideales nos servirán
como lo han hecho hasta ahora.
Pero, no podemos vivir la tarde de la vida de
acuerdo al programa de la mañana de la vida,
pues lo que era grandioso en la mañana, puede
no serlo al anochecer, y
lo que era verdadero en la mañana,
puede convertirse en mentira al anochecer.*

Carl Jung, *Etapas de la vida*

Introducción

Arrugas. Olvidos frecuentes. No recuerda lo que hizo ayer. Encuentra sus lentes en la nevera. La piel de sus muslos es dispareja. Su trasero está demasiado flácido. Las personas más jóvenes le dicen "señora" (o "señor"). Solía hacer muchas cosas al tiempo, ahora ya no. Ya no reconoce el rostro que ve en su espejo. Siente envidia de los jóvenes. No puede creer que cuando estaba joven no lo apreciara. Se siente invisible. No tiene idea de quiénes son los nuevos cantantes que están de moda. Solía estar a la vanguardia, pero, aparentemente, ya no...

Si alguna de estas cosas le suena familiar, le doy la bienvenida a este nuevo territorio. Quizá pueda usar algunas ideas frescas para ayudarlo a navegar en el mar de los cambios.

Cada nueva experiencia lo hace enfrentar una nueva elección, y envejecer no es la excepción. Cómo se desarrollará ante usted la etapa de "ya no tan joven" —cómo asumirá el periodo de su creciente madurez— es una pregunta abierta que solamente usted puede responder. Si elige el camino de la menor resistencia, no de la manera taoísta, sino desde la pereza, entonces la gravedad lo abrumará. Envejecerá con poca gracia o alegría.

Pero, si pretende otra posibilidad para sí misma, abrirá las puertas a algo francamente nuevo. Al considerar la posibilidad de que pueda haber otro camino, abrirá el paso a los milagros. Cementará un nuevo sendero, construirá nuevas sinapsis en su cerebro, y le dará la bienvenida física y espiritual a las nuevas energías que de otro modo no hubieran encontrado en usted un hogar anuente.

Millones de nosotros estamos entrando a un espacio que desearíamos evitar y, sin embargo, sabemos que es ahora inevitable. Si lo observamos de cerca, nos damos cuenta que ese espacio no tiene porqué ser tan malo, quizá sólo hace falta diseñarlo de nuevo. Y, entonces será, en muchos aspectos, un nuevo espacio.

La mediana edad no es un nuevo territorio, obviamente, pero lo que *sí* es novedoso es la gran cantidad de personas como nosotros, que estamos buscando algo fuera de las normas externas de la cultura reglamentaria. De acuerdo con Werner Erhard, fundador de la organización *est (Erhard Seminars Training)*, podemos llevar nuestras vidas ya sea actuando según las circunstancias o actuando según una visión. Y en cuanto a la

mediana edad, podemos forjar una nueva visión, una nueva conversación, la cual nos lleva más allá de las formas de pensamientos limitados que han definido sus parámetros por generaciones. Las circunstancias son fijas, pero no lo es la forma en que las experimentamos. Cada situación es experimentada según el contexto de la conversación que la rodea, tanto en nuestras mentes como en nuestra cultura. Y de cada nueva conversación relacionada con el significado de la mediana edad, emerge una nueva esperanza para los que nos encontramos en ella.

Cuando hablo de la esperanza, ¿me refiero a la esperanza de vivir más años? No necesariamente. ¿Me refiero a la esperanza de divertirnos más, de llevar la vida con mayor propósito, más pasión y más iluminación? Por supuesto que sí. La esperanza, cuando se trata de la edad, no es cuestión de más años, sino de *mejorar* los años. Hace poco en una boda, me senté al lado de un viejo actor de cine. A sus ochenta y tantos años me dijo totalmente convencido, que cuando le llegara su hora, "se iría de buen grado y emprendería su nueva aventura." Se sentía complacido con lo que fuera que ocurriera en su futuro, porque se sentía complacido con todo lo que le ocurría, y punto. Parecía conectado con una especie de flujo de la vida que era demasiado real para siquiera detenerse, que no se atrevería a desconectarse de éste en el momento de su muerte.

Lo vi una media hora más tarde, bailando como Valentino con una mujer cincuenta años más joven que él. De regreso a la mesa, lo escuché protestar contra el gobierno como un Titán resplandeciente a quien no le importaba un comino si lo que decía era aceptado o no. No parecía haber llegado al final de su vida, sino más bien al cenit. Y en este cenit, podía apreciar que lo se extendía ante él era sólo una nueva tierra, no menos real que el territorio que quedaba tras él.

¿Cómo viviríamos si no temiéramos la muerte? ¿Cómo viviríamos si sintiéramos que nos hemos otorgado el pleno permiso de parte nuestra y de los demás de darle a la vida todo lo que tenemos? ¿Sería, entonces, la mediana edad una etapa en donde nos apagamos o el momento perfecto para comenzar? ¿Sería el momento de abdicar o el momento de reclamar lo que en verdad deseamos? ¿Sería el momento de relajarnos o el momento de dejar de perder el tiempo? Si deseamos envejecer al estilo autopiloto, como una experiencia prescrita y empacada con anterioridad, entonces, ciertamente no es difícil, es el status quo en donde hay señales por todas partes. Pero, si deseamos crear algo nuevo para nosotros y para aquellos a nuestro alrededor, es importante reconocer qué tan limitadores y limitados son los conceptos relacionados a envejecer que todavía saturan nuestro mundo.

Comprender, entonces, que podemos liberarnos de ellos.

Muchos de nuestros conceptos relacionados con la mediana edad están desactualizados. Son nociones gastadas por generaciones anteriores que ya no se ajustan a lo que somos o a lo que estamos haciendo aquí.

Hace poco conocí a una mujer que había sido un icono político en los años setenta y ochenta. Cuando le pregunté si deseaba regresar a la arena política, me miró y me dijo: "¡Oh no, tengo sesenta y seis años!". Me señaló la mesa en donde había mujeres jóvenes, diciendo: "Dejemos que ellas asuman ahora ese papel."

La miré aterrorizada. Las jóvenes en la mesa detrás de nosotras *no* eran las mujeres que yo visualizaría dirigiendo el mundo hacia una dirección más positiva en un futuro cercano, y estaba segura de que en su corazón, ella tampoco las veía de esa manera.

"¿Ellas? ¿Está usted *loca?*" dije boquiabierta, señalando la mesa tras nosotras, en donde estaban esas atractivas chicas, tratando yo, sin éxito, de encontrar en sus rostros alguna señal de seriedad. Y tan pronto terminé de decirlo, vi que los ojos de la dama se iluminaban. Quizá necesitaba que alguien más le diera permiso de admitir lo que ella ya estaba pensando. En realidad, estaba más lista ahora que nunca. *Ella* tenía lo indispensable para hacerlo.

Cuando se iba me dijo: "Tiene razón. Me gustaría hablar con usted al respecto en otra ocasión. Quiero hacer algo *radical*."

Un cambio en su percepción era todo lo que necesitaba. Alguien que dudara del concepto de que sus mejores días estaban tras ella, hizo que cambiara de un resignado y tímido "Ahora es el turno de *ellas*", a uno más emocionalmente honesto "¡Ahora es *mi* turno!" Y en nuestros corazones, muchas de nosotras nos sentimos como ella; ¡que estamos finalmente listas para hacer algo radical! Sea lo que sea para lo cual estamos aquí, estamos ansiosas por hacerlo ahora.

Pero, algunas veces, usted no se siente segura de qué trata "eso" para lo cual vino a este mundo; puede temer secretamente que sea demasiado tarde. Está atrapada entre el entusiasmo por comenzar y el miedo de que su hora ya haya pasado. No obstante, el peso de la mano de Dios invalida el peso de su historia personal. Dios obra milagros en cualquier momento, en cualquier lugar, para todas las personas; la última cosa que podría desanimar a Dios es el hecho de que usted sea mayor de lo que solía ser.

Cuando uno es joven, el tiempo parece transcurrir de forma más lenta. Luego, de repente, todo parece haber pasado mucho más rápido. La trágica espera del tiempo marca el paisaje, desde los casos de las mujeres que se dieron cuenta que deseaban hijos cuando ya sus ovarios estaban muy viejos para ello, hasta las personas estancadas por años en profesiones que detestan porque no tuvieron el valor de buscar lo que realmente deseaban. Ésta es la razón por la cual es tan importante que no nos dejemos convencer de la idea de que una vez que llegamos a los cuarenta y tantos años, nuestras opciones se limitan. La vida será, en cualquier momento, exactamente como la programemos. El pasado no tiene el poder de determinar nuestro presente. Toda situación es un desafío para comportarnos a la altura de las circunstancias; o para decirlo con mayor precisión: para permitir que Dios nos *porte* a la altura de las circunstancias, y la mediana edad no es la excepción. Dios siempre está listo para convertir el agua en vino.

Quien sea que usted haya nacido para ser, sea lo que sea que su alma haya sido codificada para lograr, cualesquiera que hayan sido las lecciones que nació para aprender, ahora es el momento de considerarlo seriamente y tomar acción. Mientras más en serio se tome la vida, más la vida lo tomará en serio a usted. Sus pensamientos, y nada más que ellos, determinan lo que es posible para usted ahora. Es el instante de tomar la iniciativa y superar las fórmulas predeterminadas que usted o cualquier otra persona puedan tener respecto a lo que es "posible" en este momento de su vida. No importa lo que haya o no ocurrido en su pasado, el presente permanece como una fuente infinita de oportunidades milagrosas: la ley de compensación divina así lo garantiza. "Posibilidades infinitas" no es una mera abstracción, es el anhelo del universo, una fuerza activa de elasticidad constante e infinita. No responde a su estado mental pasado, sino a su presente.

No es lo que ocurrió en su vida hasta ahora lo que tiene el poder de determinar su futuro. Es la forma como usted interpreta lo ocurrido, y aprende de ello, lo que establece el curso de su probable futuro.

La vida no se mueve siempre (ni siquiera con frecuencia) en un arco consistentemente creciente de progreso. Para cuando cumplimos los cuarenta, la mayoría de nosotras hemos trastabillado por lo menos en una o dos áreas importantes: matrimonio o divorcio, problemas con los hijos, profesión, finanzas, adicciones o lo que sea. Pero el punto de una jornada de vida no es si hemos o no caído; es si hemos o no aprendido a levantarnos. *Todos* caemos porque éste es un mundo lleno de caídas. Lo que determina lo que ocurrirá enseguida es quién se levanta y cómo lo hace.

Tengo una amiga, cantante fantástica, que por muchos años ha impresionado con su voz a su audiencia. Además, es hermosa. Todo el mundo ha dicho siempre que estaba destinada a ser una estrella. Pero ¿se hizo famosa a los veinte, a los treinta o incluso a los cuarenta? No, porque al igual que ocurre con muchos de nosotros, sus demonios la frenaron por años. No acudía a una reunión importante debido a que estaba resacada, o decía las palabras equivocadas a un empresario discográfico porque a su estilo le faltaba madurez. Saboteaba consistentemente su propio éxito. No fue hasta después de cumplir los cuarenta años que todas las cosas cayeron en su lugar: su talento y su personalidad finalmente se alinearon. Y ocurrió lo que ella vio una vez; lo que todos a su alrededor vieron: lo que sucedió durante su largo y tortuoso camino solamente añadió luminosidad a su éxito, una vez que éste llegó.

¿A qué me refiero por la "luminosidad" de su éxito? Me refiero a las capas de comprensión que ocurrieron: las pequeñas y las grandes lecciones aprendidas a lo largo del camino que terminaron por afectar no solamente su manera de cantar, sino también su manera de estar presente en el mundo: una nueva esencia no solamente respecto a lo que ella hace sino respecto a lo que ella es. No era solamente su voz, sino su personalidad lo que tenía que madurar.

Algunas veces, usted ya no puede levantar sus piernas tan alto en una clase de aeróbicos, pero puede levantar su ceja con sabiduría de una forma que sólo llega con años de experiencia. De alguna manera, esa ceja es más impresionante que la pierna levantada. Esto es lo que nos ofrece la madurez: una nueva riqueza en la personalidad. Una percepción que solamente usted puede sentir, como solía decir mi padre: cuando usted ha llegado a "aceptar lo bueno y lo malo."

La nueva madurez es optimista; no es el optimismo incierto de su juventud cuando todas las cosas parecían posibles, sino más bien un optimismo agridulce pero sabio, al cual uno se aferra a pesar del hecho de que sabe que algunas cosas ya *no* son posibles. Hemos perdido algunas cosas que no hubiéramos querido perder, pero hemos ganado otras que ni siquiera sabíamos que existían. Hemos "pasado por eso" en suficientes áreas como para sentir que hemos logrado cierta maestría, no tanto en una u otra cosa, sino en llevar una vida más responsable. Al observar a mis semejantes, he concluido que muchos piensan lo mismo en secreto. Una vez que hemos aceptado que la vida no es tan fabulosa en ciertos aspectos como pensábamos que era, hemos comprendido que es más fabulosa todavía en formas que jamás hubiéramos sabido.

No se trata de que se engañe, rehusando a aceptar con gracia que su juventud es cosa del pasado. Usted acepta los límites de la edad, pero acepta también la inconmensurabilidad de Dios. Algo ha terminado, es cierto, pero también algo nuevo ha comenzado. Su juventud no ha terminado tanto como su juventud *prolongada* ha sido interrumpida, no como si al final de la fiesta le ofrecieran un trato falaz, sino más bien como si se salvara de una falta de sentido postrera: su última oportunidad de hacer bien las cosas. La generación que está ahora entre los cuarenta y los sesenta años no puede soportar la idea de que todo fue en vano. Los patrones disfuncionales y obsoletos de ideas que bloquearon el sendero hacia su destino más elevado se han finalmente interrumpido. Y aunque usted se sienta un poco deprimida ante la idea de que ya no es joven, se siente extasiada al saber que ya no es tan ingenua ni despistada.

Justo cuando el mundo parece literalmente listo para volar en pedazos si no llega un adulto sano y hace algo rápidamente, nuestra generación se ha convertido finalmente en adultos sanos.

El estado actual del mundo es el de una gran ceremonia de paso de una etapa de la vida a otra para la generación nacida en la posguerra, como un solitario recorrido por la selva para ver si podemos o no sobrevivir. Si no lo hacemos, entonces, obviamente, no tenemos lo que se requiere. Si lo hacemos, entonces "Hijo, ¡ya eres un hombre!" Y bien, en todo caso esta es la frase que aplica para la mitad de nosotros.

La edad mediana de hoy en día es como una especie de segunda pubertad. La experiencia, incluyendo su extensión, ha sido redefinida. Este es un periodo claramente distinto a la juventud, pero también muy distinto a la vejez. No se siente como tomar un crucero al final de nuestras vidas, sino, más bien, como tomar un crucero hacia el *significado* de nuestras vidas. Las personas que se lamentaban que "no sé qué es lo que quiero hacer con mi vida" a los cuarenta, de repente sienten que lo saben. Se sienten más como adolescentes que como viejos.

En su libro *The Longevity Factor,* Lydia Bronte dice que le hemos añadido quince años a nuestras vidas..., pero en el medio, no al final. Deberíamos titular y aseverar este periodo como la nueva mediana edad, porque de hecho *es* nueva. Este periodo no era reconocido antes porque no *existía* de la misma manera que ahora. Al reconocer la existencia de este nuevo factor psicológico en la estructura de la vida contemporánea, construimos un recipiente para extraordinarias energías que de otro modo hubieran quedado dispersas e incipientes.

Podemos bendecir y transformar las experiencias durante la mediana edad. Podemos hacerlo cambiando nuestras *ideas* al respecto, ideas que informan nuestras células físicas y constituyen el prototipo de nuestra experiencia en el mundo. El trabajo consiste en hacer dos cosas: abandonar nuestras ideas limitadoras y aceptar en su lugar las ideas ilimitadas. Nuestras ideas se reflejan en nuestra experiencia, desde el estado de nuestro cuerpo hasta el estado de nuestro mundo. Cuando reprogramamos nuestras ideas, reprogramamos todo lo demás.

En el caso de las mujeres, se ha convertido en algo común decir que los cuarenta años son ahora los nuevos treinta, y que los cincuenta sólo los nuevos cuarenta. Me he preguntado si solamente queremos creer eso o si es cierto. Escogí lo segundo, pues me conviene. Pero, es una espada de doble filo si lo considera así: por un lado, es un reconocimiento de que ahora nos vemos mucho mejor por más tiempo; por otro lado, es también un reconocimiento de lo mucho que nos ha tomado finalmente madurar. Lo que las generaciones anteriores parecían llegar a comprender mucho antes, nos ha tomado años para siquiera comenzar a comprenderlo.

Aquellos de nosotros que estamos entrando a la mediana edad y más allá, no seremos llamados la "generación perdida", sino que *seremos* considerados una generación que tuvo que perder una década para llegar a encontrarse. A fin de cuentas, no era que estábamos perdiendo tanto el tiempo sino que estábamos lidiando con los asuntos que las generaciones previas no tuvieron que trabajar. Nos tomó más tiempo hacerlo porque en el ámbito psíquico, teníamos mucho más que hacer.

No se preocupe si siente que los años le han pasado y ahora ha cruzado la cordillera de la vida. El paisaje es diferente. Ahora, hemos superado los obstáculos en el camino.

Mientras visitaba una amiga de la infancia, vi una fotografía de ella de hacía veinte años. La diferencia era dramática, pues se había transformado físicamente de una joven radiante a una mujer de mediana edad más reservada. Ahora su rostro parecía decir: "Me doy por vencida." Sin embargo, yo sabía que la chispa de su juventud no se había ido; todavía podía sentir el fuego que ella había llevado toda su vida. "Ésa es Linda," le dije señalando la foto. "Creo que deberías recuperarla." Y pude ver en su mirada que ella sabía exactamente a lo que yo me refería.

Sabemos, por lo menos intelectualmente, que no tenemos que hundirnos en el desaliño ni en la resignación cuando llegamos a la mediana edad. La juventud puede dar paso a algo más, a algo igualmente espectacular, mientras nos sentimos llamados a la siguiente fase de nuestra existencia. Podemos reclamar, conscientemente, una experiencia de vida más gloriosa en nuestra mediana edad y en nuestra vejez, de lo que jamás hayamos tenido la audacia de imaginar.

Podemos liberar el peso del crudo dolor y acoger la ligereza de un corazón más sabio y más humilde. Podemos ver este periodo no como un final sino como un nuevo comienzo. Podemos aceptar el hecho de que en Dios *no hay* tiempo. La nueva madurez es una llamada del alma.

Mi dolor más grande, cuando pienso en mi pasada juventud, es lo mucho que de alguna manera me la perdí. Ahora, viendo mi vida actual, no quiero cometer el mismo error. No quiero perderme de esto. Bonnie Raitt cantaba para todos nosotros: "La vida se vuelve poderosamente preciosa cuando queda menos de ella para desperdiciar."

Mi juventud estaba tan llena de muchos milagros que sencillamente no podía verlos todos al tiempo. Pero, cada vez que me siento tentada a hacer hincapié en todas las veces que debí disfrutar de todas las cosas buenas que me ocurrieron cuando joven, recuerdo que al Autor de mis bondades no se le han agotado los milagros que tiene para ofrecer.

Es un hecho que *envejecemos,* si tenemos la suerte de hacerlo. *Cómo* envejecemos depende de nosotros. El propósito de este libro es considerar algunos de los asuntos relacionados con este periodo de nuestras vidas y observarlos con honestidad; poner amor en algunos de sus lugares más temibles, y experimentar los milagros que podríamos perdernos si no lo hacemos.

Nota de la autora: A lo largo de este libro, cito de manera extensa *Un curso de milagros*. El *Curso* es un programa autodidáctico de psicoterapia espiritual consistente de tres volúmenes. No es una religión, sino, más bien, un entrenamiento psicológico de la mente basado en temas espirituales universales. El propósito práctico del *Curso* es la consecución de la paz interior a través de la práctica del perdón.

Capítulo uno

EL CAMINO LARGO
Y TORTUOSO

Un día recibí un par de cintas de video que con-
tenían grabaciones de algunas conferencias que yo
había dictado en el año de 1988. Le dije a mi hija que
quería que ella las viera conmigo, para que pudiera
darse cuenta de cómo lucía y se escuchaba su madre
dos años antes de que ella hubiera nacido. Pensé que
lo estaba haciendo por ella, pero pronto me di cuenta
que lo estaba haciendo por mí. Mientras observaba,
mi hija estaba totalmente sorprendida ante la imagen
de su mamá, todavía ligera y jovial tanto física como
espiritualmente, antes de haber sido abatida por el peso
de años de sufrimiento. Y yo misma quedé también
totalmente sorprendida.

Un hombre más joven que yo me dijo en una ocasión: "Me hubiera gustado conocerte cuando estabas

más joven", luego intentó redimirse (al ver mi mueca de asombro) diciendo algo así como que le hubiera encantado conocerme cuando yo estaba llena de ese fuego. Pensé, pero no lo dije, *sigo estando llena de ese fuego*. Lo que vi en esas cintas de video fue el fuego al cual se refería, sí, pero también vi algo más. Vi un fuego que debía recuperar, un fuego que el mundo había desalentado pero que seguía siendo mío si yo lo quería; era cierto que ese fuego ya no destellaba igual, tampoco se había ido del todo. Estaba, simplemente, enterrado bajo capas de cargas y desilusiones acumuladas. El fuego mismo emerge de un lugar en donde no existe la edad.

Observando las cintas de mis charlas, me sorprendió ver a mi hija tan sorprendida. No me había dado cuenta de que ella no había visto a su madre como una mujer jovial, tan llena de buen humor como de sabiduría. Me di cuenta de que me había convertido en alguien en quien realmente no tenía que ser; había descendido a las oscuras aguas de la psiquis de unos cuantos años difíciles donde permanecí convencida, simplemente, por las mentiras que escuché en sus profundidades.

Lo que me ocurrió le sucede a muchas de nosotras de alguna manera o de otra. La edad puede atropellarla como un camión, extrayéndole la juventud de las entrañas justo al frente suyo. Durante años, usted ha respondido con reacciones, aparentemente definida más por lo que no es, que por lo que es ahora. Luego, de forma lenta pero segura, se transforma en la nueva fase de su vida, diferente, pero no necesariamente menos en lugar de más. El asunto del menos o más depende de usted.

Recuerdo hace unos años, haber comprado un disco compacto de Joni Mitchell. El diseño de la cubierta es un autorretrato de ella sosteniendo una copa de vino tinto: me senté a observar la fotografía durante varios minutos antes de poner la música. Y cuando lo hice, me quedé atónita. Nada parecía sonar igual; no escuché a la Joni que yo creía conocer. *¡Oh Dios mío!* pensé, *¡perdió su voz!* La voz aguda y dulce se había ido. Yo, que había escuchado a Joni Mitchell por décadas, no reconocía el sonido que ahora escuchaba. Durante por lo menos cinco minutos, la idea de que Joni Mitchell ya no podía cantar daba vueltas en mi cabeza.

Luego, comencé a escuchar con mayor atención, solamente para darme cuenta que aquella voz (la de antes), no podía competir en magnificencia con la que había tomado su lugar. Su voz actual revelaba ahora una nueva profundidad, una añoranza que no poseía la de su juventud. En algún lugar entre su alma y su garganta, su pasado y su presente, algunas buenas melodías populares habían sufrido una mágica transformación hacia un arte de calidad. Canciones ligeras y alegres se habían convertido en gritos profundos, sombríos y conmovedores provenientes del mismo centro de las cosas. Ella se había movido a un lugar de poder que es otra cosa excepto *menos que*. Alguien que ya era gigante parecía haberse convertido en una diosa.

Su camino y sus cambios son importantes para mí, dada mi propia experiencia. Empecé a dar charlas hace más de veinte años y algunas personas me dicen a veces que les gustaría que hubiera seguido dictando mis charlas "como en los viejos tiempos." Y sé a lo que se refieren. Yo era impertinente. Era divertida. Decía las cosas como eran. Pero era la década de los ochenta,

¡por el amor de Dios! Es fácil sentirse ligero y jovial cuando uno no ha visto más que ligereza y jovialidad. Más tarde, cuando ya lo anterior no aplica, cuando unas cuantas décadas se han añadido a su repertorio, tanto de dolor como de placer, no es posible que su voz *no* cambie. La pregunta es: ¿perderá entonces su propia voz o la encontrará?

Las estaciones cambian, pero todas ellas son espectaculares. El invierno es tan hermoso como el verano, tanto en la naturaleza como en el interior de nosotros. No tenemos que ser menos convincentes con la edad; sencillamente somos convincentes de una manera distinta. Lo más importante es comenzar en donde *estamos,* sin vergüenza ni arrepentimiento. La belleza de la autenticidad personal puede compensar la pérdida de la belleza de nuestra juventud. Mis brazos no están tan bien formados como solían estarlo, pero ahora sé muchas más cosas que hacer con ellos.

CUANDO TENÍA VEINTE AÑOS, ESTABA EN LA EDAD DEL "SÍ": Sí, iré, sí haré eso. Pero, al hacerme mayor, me acostumbré a decir "no": No, no puedo hacerlo porque mi hija está en casa y tengo que regresar; no, no puedo ir porque no tengo el tiempo. Fue como si dejara de pensar en por qué lo decía y sólo decía "no" como una respuesta automática a cualquier cosa que se saliera de mi zona de tranquilidad. Y esta zona comenzó a decrecer. Finalmente, comprendí que a cierta edad decir "no" con demasiada frecuencia, se convertía en algo venenoso. Si no tenemos cuidado, le comenzamos a decir "no" a la vida misma. Y es ése "no" el que nos envejece.

Las responsabilidades de la vida madura a menudo nos fuerzan a enfocarnos en las cosas que están justo ante nosotros, y en ese sentido "asentarse" puede ser algo bueno. Pero dicho enfoque no tiene que traducirse en una mentalidad inflexible. Nadie que deje escapar su sentido del asombro puede envejecer bien. Usted podría descubrirse pensando cosas como: *¡Oh!, ese museo, ¡ya he pasado por todo esto antes!* Pero, si usted visita el museo de todas maneras, comprenderá que lo que vio en sus años mozos fue solamente una fracción de lo que sus ojos pueden percibir ahora.

Si no ejercita su cuerpo, sus músculos comienzan a contraerse. Y si no ejercita su mente, sus actitudes también comienzan a contraerse.

Y nada contrae su experiencia de vida como la contracción de sus ideas: limita sus posibilidades y limita su alegría.

Todos hemos visto a personas que envejecen con dolor pero, también hemos visto a otras que envejecen con alegría. Es hora de que *programemos* envejecer con alegría, decidiendo que el entusiasmo de la juventud es una buena clase de alegría, pero no es la única. De hecho, hay alegría en el conocimiento de que después de todos estos años, finalmente, hemos madurado.

Una ola de nuevas posibilidades se despliega ante nosotros al ver que esa generación enorme, y otrora arrogante, ha alcanzado los años del cabello fino y las rodillas flojas. Lo que haremos ahora no está predeterminado sino más bien está por verse, ya que cada uno de nosotros lo verá de acuerdo a cómo *decida* verlo. Podemos capitular ante el aspecto desagradable de la edad y el caos, o podemos forjar con osadía un nuevo territorio esgrimiendo el poder que la vida nos ha enseñado hasta ahora, reclamando la posibilidad de redención, no solamente para nosotros, sino para el mundo entero.

Nuestra generación tiene mucho que responder, pues parrandeamos durante mucho tiempo y maduramos muy tarde. No obstante, ya que nos queda menos tiempo de vida, finalmente estamos listos para *poner esto en evidencia*. Tenemos el conocimiento, y ahora esperamos también tener el coraje de respaldar lo que sabemos que es cierto. Comprendemos que un capítulo del libro de nuestras vidas se ha cerrado, pero quizá el siguiente no tiene que ser peor. De hecho, puede ser infinitamente mejor. Estos años pueden ser para celebrarlos y apreciarlos, si tenemos el valor de tomar las riendas de la conciencia y crear algo nuevo para nosotras y para el mundo.

Cada uno de nosotros ha pasado por sus propios dramas, ha recorrido su propia jornada individual; en este momento, nos encontramos, como en un punto predestinado, para aunar nuestros recursos de talento e inteligencia, fe y esperanza. A fin de cuentas, somos individuos glorificados, mientras encontramos nuestro propio lugar en un latido colectivo del corazón. Hemos peregrinado solos y ahora peregrinaremos juntos. El verdadero drama de esta edad está lejos de estar por terminado. De alguna manera, está apenas a punto de comenzar.

Toda generación viene con sus propios talentos. Los mayores talentos de la generación de la posguerra todavía están por ser explotados, pues terminaron siendo totalmente distintos a lo que pensábamos. Tienen que ver tanto con enfrentar nuestros fracasos, y el crecimiento espiritual que esto conlleva, como con asumir la responsabilidad por todo lo demás.

Una generación idealista que iba a mejorarlo lo todo, le tocó dirigir una época en la cual muchas cosas han empeorado. Toda generación, en el análisis final, consta solamente de personas que han pasado por ella. Y, durante ese pasaje, por lo menos hasta ahora, no hemos hecho todavía lo que vinimos a hacer.

Nuestra epifanía, para aquellos de nosotros que somos de la generación de la posguerra, es que hemos desperdiciado nuestra juventud de muchas maneras; no porque la hayamos vivido con frivolidad, sino porque en demasiado casos la vivimos solamente para nosotros mismos. Nuestros padres y abuelos se convirtieron en adultos cuando fue natural que así ocurriera. Ellos prosiguieron su destino. Nosotros, por otro lado, tratamos de esquivar una existencia verdaderamente madura por el máximo tiempo posible. Ahora, después de hervir a fuego lento en la olla de presión por demasiadas décadas, nuestra madurez latente emerge con una sensibilidad que apenas sí sabíamos que teníamos. Lo que se suponía que hubiéramos logrado a los veinte o treinta años, lo estamos logrando a los cuarenta, cincuenta y sesenta. Pero no es demasiado tarde. No hemos vivido lo que hemos vivido, sangrado lo que hemos sangrado y nos hemos humillado lo que nos hemos humillado, para que ahora, sencillamente, todo se termine. De hecho, le debemos demasiado al mundo para salir de él tan fácilmente. Nacimos llevando dentro una promesa, la promesa de hacer que este mundo fuera mejor, y seguimos anhelando la bondad del cumplimiento de esa promesa que ninguno de nosotros podremos jamás suprimir.

Hay una pregunta silenciosa que brama a gritos en nuestros corazones: *¿Qué haré con el tiempo que me queda?* Quizá nos hemos dado una especie de indulto, un tiempo adicional para hacer las cosas bien. Quizá porque en lo más profundo de nuestro ser anhelábamos otra oportunidad para hacer algo significativo antes de pasar a la eternidad, la eternidad parece haberse extendido un poco.

Es el increíble poder de nuestra recién hallada humildad, el que nos brinda una última oportunidad de trasfondo. ¿Repudiaremos la insignificancia fascinadora que ha marcado hasta ahora nuestra generación? ¿Reconoceremos los patrones oscuros y corruptos de nuestro pasado y resurgiremos para cambiarlos? ¿Ejercitaremos el poder de las lecciones aprendidas? ¿Nos alinearemos con el pulso creativo del universo, preparando el terreno para un glorioso futuro, en el cual nadie pueda decir que sencillamente nos dimos por vencidos, sino en donde todos podamos decir que finalmente lo logramos? Una vez que llegamos a cierto punto, la puerta giratoria da otra vuelta, pero es la última. Esta vez tenemos que hacer bien las cosas o moriremos sin haberlo logrado.

Aquello que llamamos nuestra "mediana edad" no tiene que ser un punto crucial hacia la muerte. Puede ser un punto crucial hacia la vida tal como jamás la hemos conocido, como jamás la *hubiéramos* podido conocer cuando éramos demasiado jóvenes y arrogantes para apreciar sus límites. Aprendemos humildad con la edad, es cierto, pero también se despierta en nosotros la certeza de lo preciosa que es la vida y lo frágil que puede ser. Es hora de convertirnos en mayores de edad y guardianes de este precioso planeta, no solamente de nombre sino en la práctica apasionada. Hasta el momento en que Dios nos llame a casa, debemos hacer de *este* mundo el hogar de nuestros sueños.

La comprensión de que ya no somos jóvenes entra en colisión en este momento con un sentido de urgencia histórica. Nuestros ojos se abren ante la seriedad de esta época, y nuestro más profundo deseo es hacer algo al respecto. Mientras renovamos nuestro compromiso con el proceso de la vida, el proceso de la vida entonces se compromete de nuevo con nosotros. Nos sentimos perdonados por un pasado que no fue todo lo que pudo haber sido cuando nos comprometemos con un futuro que *es* todo lo que puede ser, y será, ahora que finalmente hemos madurado.

El hijo pródigo volvió tarde a casa después de haber estado en muchas parrandas, pero su padre se alegró de verlo. Y así nos ocurre con el nuestro.

Dondequiera que haya estado, y sea lo que sea que haya hecho hasta ahora, su vida entera se ha ido acumulando hasta llegar a este momento. Ahora es el momento de desplegar su grandeza, una grandeza que jamás habría logrado si no hubiera pasado exactamente por lo que ha pasado. Todo lo que ha experimentado fue maíz para la molienda, que lo ha convertido en el ser que es hoy en día. Por mucho que haya descendido, en Dios no hay límites en lo alto que ahora puede llegar. *No* es demasiado tarde. Usted *no* es demasiado vieja. Está justo a tiempo. Y es mejor de lo que cree.

Señor Dios:
Bendice cada fase de mi vida.
Que mis temores
no obstaculicen Tus milagros.
Que crezca en la profundidad del amor.
Tanto en esto como en todas las cosas,
Señor,
que el mundo no me ciegue ante Ti.
Amén

Capítulo dos

¿CREE EN LA MAGIA?

En cierto punto, la vida trata menos de lo que uno se está convirtiendo y más en lo que se ha convertido. Lo que usted solía pensar como el futuro se ha convertido ahora en el presente, y no puede evitar preguntarse si su vida no hubiera sido mejor si hubiera vivido el pasado más plenamente. Pero, ¿cómo podría haberlo hecho? ¡Estaba demasiado ocupada pensando en el futuro!

Una vez que llega a cierta edad, apenas puede creer que desperdició siquiera un minuto de su juventud no disfrutando de ella. Y lo último que desearía hacer ahora, es privarse siquiera de un segundo de su vida al no vivirla intensamente mientras está en ella. Finalmente, entendió, no solamente en teoría, sino visceralmente, que este momento es todo lo que tiene.

Ya no cierra sus ojos para preguntarse quién será en veinte años; si es inteligente, estudia la historia de su existencia actual para verificar cómo la está llevando ahora. Usted ve el presente como un acto continuo de creación. Observa con mayor intención sus pensamientos, su conducta y su relación con los demás. Comprende que si enfrenta la vida desde el miedo y la separación, no tiene razón para esperar de regreso nada más que miedo y separación. Busca incrementar su fortaleza y disminuir su debilidad. Observa sus heridas y le pide a Dios que las sane. Pide perdón por las cosas de las cuales se avergüenza. Ya no busca satisfacción en cosas fuera de usted, no busca realizarse en los demás, ni busca su paz mental en el pasado ni en el futuro. Usted es quien *es,* no quien podría llegar a ser un día. Su vida es lo que *es,* no lo que algún día podría llegar a ser. Al enfocarse en quien es, y en lo que es su vida en la actualidad, llega a la casi divertida conclusión de que sí, la verdadera diversión está en la jornada misma.

Uno de mis mayores pesares es haberme perdido la obra de Navidad en el jardín preescolar de mi hija cuando tenía tres años. Por un lado, una persona que trabajaba para mí no se molestó en decírmelo; por otro lado, era obvio que yo había enviado la vibración de que no me interesaba o no tenía tiempo para ir. Y, ahora pienso a veces lo que habría dado por ver la obra. Siento que tengo una carencia en mis recuerdos, como si tuviera un hoyo en donde debería haber una sonrisa.

Me avergonzaba admitir, hasta que finalmente lo hice, que me había convertido un poco en mi padre, quien estaba tan obsesionado con su profesión a sus cuarenta y cincuenta años, que su disponibilidad emocional hacia sus hijos fue relegada a un día de la semana. Lo teníamos los domingos, el resto de la semana lo añorábamos. Años después, cuando nació su primera nieta, había envejecido y se había convertido en una persona más tierna, en alguien que consideraba que estar presente en la vida de un niño parecía finalmente más satisfactorio que estar presente en su trabajo.

Solía sentir celos de las niñitas a quienes él les prestaba tantos cuidados y atenciones como abuelo. Sabía que si mi padre hubiera sido conmigo como era con sus nietas, yo habría sido una mujer distinta. ¡Que horror sentí cuando años más tarde escuché a mi hija de cinco años lanzarme estas lamentables palabras: "Extraño a mi mami incluso cuando estoy con ella."

Cuando vemos los lugares en donde antes éramos inconscientes, deseamos empezar de nuevo, y esta vez, ¡hacerlo *bien*! Y, en algunos casos, podemos hacerlo. Muchas personas aplacan su culpa por no haber sido mejores padres siendo mucho mejores abuelos. En esos casos, a menudo sus hijos los perdonan. Pero, algunas situaciones no son tan fáciles de enmendar, y algunos años no pueden ser perdonados y olvidados tan fácilmente. Por eso es tan importante apreciar que el mejor momento para intentar ser lo mejor que puede ser, es el momento presente. Jamás tendrá una mejor oportunidad.

Señor Dios:
Por favor expande mi mente estrecha.
Abre mis ojos nublados para que pueda
ver.
No permitas que me escape de mi
bondad.
Ayúdame a no desaprovechar mi vida.
Prepara mi corazón para mejores cosas.
Amén

UN DÍA ME MIRÉ AL ESPEJO y me entregué a una autocompasión sin límites.

¡Oh! recuerdo cuando era joven, pensaba. Mi piel era lozana, mis pechos estaban erguidos, mi trasero estaba más duro, todo mi cuerpo era voluptuoso. Tenía mucha más energía, y prácticamente resplandecía. Me hubiera gustado darme cuenta de lo que tenía... y ahora ya jamás lo tendré de nuevo.

Luego intervino otra voz en mi cabeza.

"¡Oh! Marianne...," dijo, "¡cállate! Déjame ofrecerte un informe detallado de lo que era ser más joven para ti. Tus nervios te destrozaban, tu corazón estaba desconsolado, tu mente estaba confusa, tu apetito era adictivo, tus relaciones amorosas eran trágicas, tus talentos estaban dispersos, tus oportunidades desperdiciadas y jamás estabas en paz.

"Lo que hiciste entonces, de hecho, era exactamente lo que estás haciendo ahora: te mantenías pensando que si tan solo las cosas fueran distintas, serías más feliz. En ése entonces era cuestión de encontrar un hombre o un trabajo o cualquier recurso para salvarte; ahora es que si tan solo

fueras todavía joven. Es hora de tomar conciencia: en esos días lucías bien, pero no lo sabías. Lo tenías todo, pero no lo apreciabas. Tenías el mundo a tus pies, pero no te dabas cuenta.

"¿Sabes cómo era? Era ¡exactamente igual que ahora!"

Así comenzó la recuperación de mi *"jovencititis."* Tuve una que otra recaída ocasional, pero con el paso del tiempo me recuperaba cada vez más rápido. Comprendí que no era otra cosa que un hábito mental para idealizar otra época de mi vida, otra condición, otra realidad, sencillamente, una manera de evitar la realidad de mi vida actual.

Y al evitar la realidad de nuestras circunstancias presentes, evitamos el milagro que éstas ofrecen. Todo el mundo lo hace porque es la forma en que funciona la mente del ego. Pero, podemos desafiar este hábito autodestructivo y cultivar una perspectiva más verdadera: dondequiera que estamos es el lugar perfecto, y cualquier momento es el momento perfecto. Eso no quiere decir que no podamos o debamos mejorar las cosas, en particular, a nosotros mismos. Pero, entregarnos a la idea de *si sólo fuéramos más jóvenes las cosas serían mejores,* es un método garantizado de envejecer con sufrimiento.

MI PADRE ME DIJO EN UNA OCASIÓN: "Cuando estás viejo, no te sientes viejo." Puedo apreciar su comentario, mientras considero el hecho de que el ser esencial en mi interior es el mismo ahora a mis cincuenta y tantos años que cuando tenía quince. Entonces, ¿quién soy en realidad? ¿Soy la mujer que ha cambiado con la edad, o soy el inalterable ser interior? ¿Soy la mujer encajonada en el tiempo o el ser que reside independientemente de él?

Algunas veces, cuando nos referimos a las cosas que pasaron hace mucho tiempo, solemos decir: "Lo recuerdo como si hubiera sido ayer." Y esto ocurre porque de alguna manera así fue. Si el tiempo, como lo declaró Einstein, es solamente una ilusión de la conciencia, entonces el tiempo lineal es una ficción metafísica; todo lo que ha ocurrido, está ocurriendo u ocurrirá, está ocurriendo *ahora*. Ahí, en ese reino del ahora eterno, está el verdadero "Yo soy."

El ser eterno reside en la eternidad, y la eternidad intercepta el tiempo lineal en un solo momento: el presente. Ese ser que usted es en este momento, por consiguiente, es su verdadero ser. Y ese ser es el puro amor. Desde ese punto esencial del ser perfecto, creado por Dios una vez más a cada instante, fluyen con naturalidad los milagros. El amor interrumpe el pasado y abre el futuro a nuevas posibilidades. Independientemente de quién es usted, de su edad, todas las cosas son posibles en el presente.

El ser físico envejece, por supuesto, pero el ser espiritual no lo hace. Cuanto más nos identificamos con la dimensión espiritual de nuestras vidas, más nuestra experiencia comienza a girar de lo voluble a lo inmutable...; de las limitaciones a la infinitud...; del miedo al amor. Mientras se acorta nuestra jornada a través del tiempo lineal, nuestra conciencia puede, de hecho, expandirse. Y mientras lo hace, el tiempo en sí mismo se afecta. Cuanto más profundamente entramos

en el amor del corazón de las cosas, más actualizamos nuestro potencial terrenal. La comprensión de eso que *no* cambia es la clave que nos empodera en un mundo cambiante. Al alinearnos con el ser eterno, no envejecemos en la línea recta que nos lleva de una juventud radiante a una vejez decrépita, sino más bien como la flor de loto que se abre cada vez más y más a la luz del sol. Y la edad se convierte en un milagro.

Físicamente, envejecemos y morimos. Pero, espiritualmente, podemos retroceder o avanzar sin que intervenga el cuerpo, sólo la conciencia. Cuando tenemos una idea distinta de la vejez, nuestra experiencia cambia. Podemos ser más viejos físicamente, pero emocional y psicológicamente somos más jóvenes. Algunos de nosotros pasamos por una etapa de decadencia cuando teníamos veinte tantos años, y estamos en una etapa de renacimiento en nuestros sesenta y setenta y tantos años. El Rey Salomón, quien ha sido supuestamente el hombre más sabio de la humanidad, describió su juventud como su invierno y sus avanzados años como su verano. Podemos ser más viejos y aún así sentirnos mucho más jóvenes de lo que somos.

A medida que nos convertimos en seres más inteligentes espiritualmente, más conscientes estamos de las fuerzas subyacentes que causan la realidad terrenal, y entonces los asuntos de la edad comienzan a transformarse. El crecimiento espiritual incrementa nuestra percepción de lo que es posible. Y cuando *percibimos* nuevas posibilidades, podemos *adentrarnos* en esa posibilidad. Con cada palabra, cada idea, cada acción, decidimos lo que deseamos invocar en nuestra vida. Las viejas ideas crean viejos escenarios, y podemos optar por dejarlos ir.

De acuerdo con *Un curso de milagros,* triunfamos en tan pocas cosas porque nuestras mentes son indisciplinadas. Nos dejamos seducir fácilmente por pensamientos de autodesprecio, creencias limitadas y percepciones personales negativas. Nadie lo *obliga* a pensar: *Mis mejores años están detrás de mí,* ni *Nadie me quiere ya,* ni *Perdí mi oportunidad.* Pero sea lo que sea que usted decida pensar, su mente subconsciente se lo toma muy en serio y sus experiencias reflejan sus ideas.

Nuestras propias células responden a los pensamientos que tenemos sobre nosotros mismos, con cada palabra, muda o hablada, participamos en el funcionamiento del cuerpo. Participamos en el funcionamiento del universo mismo. Si nuestra conciencia crece en iluminación, así también lo hace todo lo que está en nuestro interior y a nuestro alrededor.

EN LA MEDIANA EDAD, USTED VE DE REPENTE LA ETAPA FINAL en donde solía ver un trecho inacabable. Sabe a escala visceral que este lapso de vida no será para siempre. Ya no queda tiempo para tomar atajos que duren cinco años. No queda tiempo para equivocarse. No queda tiempo para relaciones que no sirven, ni para quedarse en situaciones donde usted pierde su autenticidad. No queda tiempo para orgullos tontos y falsos, ni para cualquier otro obstáculo que emerja de las aguas oscuras de su psique, que obstruyan la alegría que está destinada a ser suya. Usted desea convertirse ahora en un instrumento de precisión, enfocándose exactamente en lo que desea hacer y siendo exactamente quien tiene que ser.

Según la antigua filosofía asiática, la vida no es un círculo sino una espiral. Toda lección de vida que le haya sido jamás presentada (lo cual significa todo por lo que usted ha pasado) regresará de nuevo, de alguna manera, hasta que la aprenda. Y los riesgos serán cada vez mayores. Todo lo que haya aprendido producirá grandes frutos. Todo lo que haya dejado de aprender producirá duras consecuencias.

Todo lo que *no* ha funcionado en su vida hasta este punto, es un reflejo del hecho de que en ese momento, usted no había integrado las distintas partes de su ser. En los lugares en donde no se había aceptado todavía, atrajo una carencia de aceptación de parte de los demás. En donde no había lidiado con sus sombras, manifestó situaciones oscuras y tenebrosas. Sus fragmentos encontraron fragmentos de los demás. ¡Ahora lo sabe! Así fue entonces, y así es ahora.

La mediana edad es nuestra segunda oportunidad. Si desea pasar los años que le quedan recreando los dramas de su pasado, puede hacerlo. De hecho, el mismo libreto aparecerá de nuevo en su vida para su revisión. Siempre lo hace. Pero, si lo decide, puede tomar ese libreto y hacerle una maravillosa edición, adueñarse por completo de su material, y hacer una venia al final que deje a todo el mundo anonadado.

Su obra de teatro puede llevarse a cabo esta vez en otra ciudad y los personajes pueden ser distintos. Pero es en esencia la misma obra. Si estaba o no lista para ser la protagonista en la última ocasión, es otra historia. Si se comportó de manera que no aprovechó las oportunidades y le sacó el máximo beneficio, es otra historia. Pero el hecho de haber atraído oportunidades en primer lugar, significa que eran parte de su libreto. Ahora, a través del poder de su reconciliación, de su humildad y de su sincero deseo de hacer bien las cosas que antes fueron las peores, atraerá las mismas oportunidades una y otra vez, en alguna otra forma. Un Dios todopoderoso se las enviará una vez más, y ahora con planes aún mayores, en cuanto a las bendiciones para usted y los demás.

Haga la edición con mucho cuidado. Su personaje no debería decir: "Ya estoy muy vieja," sino más bien: "Apenas estoy comenzando." "Estoy demasiado débil para esto" puede ser: "Ahora estoy fuerte." "Los culpo por lo que me hicieron" puede ser: "Decido perdonar." "¿Qué puedo sacar de esta situación?" puede ser: "¿Cómo puedo contribuir?" Y, "¿Qué deseo hacer?" puede ser: "Querido Dios, ¿qué deseas Tú que yo haga?" Con cada nuevo pensamiento, puede producir un milagro: cambiar su libreto y cambiar su vida.

Señor Dios:
Deseo cambiar mi vida,
por favor, Señor,
cámbiame.
Retira de mi mente todos los juicios
y de mi corazón todos los temores.
Libera las cadenas que me atan
y pon en libertad mi verdadero ser.
Amén

RECUERDO UNA EXPERIENCIA EN UN RESTAURANTE que mi familia frecuentaba cuando yo era niña. De noche, su jardín posterior estaba decorado de una manera mágica, lleno de burbujas y luces multicolores. Estaba segura de que había seres etéreos haciendo cabriolas en la fuente, y mientras los demás cenaban y conversaban, yo permanecía maravillada ante esta visión. Todo un drama se desarrollaba tras la ventana, un escenario de un mundo mítico actuaba en un escenario de luces que solamente yo podía ver.

Décadas más tarde, todavía puedo verlo.

Cuando éramos niños, nos encantaban esas cosas, pero al crecer nos dijeron que eran puras fantasías que debíamos olvidar. Nos doctrinaron en un mundo desencantado, y hemos sacrificado mucho para vivir en él. El mundo no se ha convertido en algo mejor al privarse del derecho a su ternura. La mezquindad y el cinismo de nuestra época, el sarcasmo reflexivo que pasa por inteligente reflexión, el recelo y el juicio de todos y todo: tales son los derivados tóxicos de una visión desencantada del mundo. Muchos de nosotros deseamos escaparnos del círculo del dolor. No deseamos aceptar que *lo que es,* es *lo que tiene que ser.* Deseamos traspasar el velo de la ilusión que nos separa de un mundo de posibilidades infinitas. Deseamos otro tipo de vida, para nosotros y para el mundo, y el ansia de descubrirlo se vuelve más intensa mientras maduramos.

En la mediana edad, nos encontramos en una encrucijada en el camino. Aceptamos o no la visión moderna materialista del mundo, en cuyo caso seguimos hacia delante hasta que finalmente morimos; o consideramos que nuestra visita a un mundo desencantado fue sencillamente un error: el exilio del arquetipo del Jardín de Edén, y ahora podemos regresar a por lo menos una semejanza del jardín, si lo deseamos. Quizá el encantamiento de la perspectiva de nuestra infancia no era tanto una fantasía, sino una realidad no verdaderamente perdida que todavía puede ser recuperada. Quizá hay una puerta a los reinos milagrosos que simplemente está esperando que la abramos.

Podemos considerar que puede haber otro camino.

Hoy en día es muy parecido a la antigüedad, cuando las personas que portaban la sabiduría "antigua" eran rebasadas por la intrusión de las primeras iglesias. Hoy no es la iglesia la que nos retiene, en realidad, ninguna institución es la causa; el opresor es, sencillamente, una visión errada del mundo, un monstruo con muchas cabezas que postula un mundo en donde las fuerzas del alma son periféricas. No importa la forma que asuma el opresor, o de dónde provenga, el único punto crucial es que usted puede creer lo que desee creer. Y lo que usted crea, será realidad para usted.

Nos han lavado el cerebro y nos han desinformado con los prejuicios del mundo moderno. Una cosmovisión racional y mecánica ha erradicado varios tonos de la paleta de colores y se ha pronunciado a sí misma como una mejor visión. Incrementar nuestra capacidad en algunas áreas del cerebro, ha disminuido nuestra capacidad en otras. Aunque hemos delineado los territorios externos del mundo —desde el espacio exterior al minúsculo átomo— apenas estamos conscientes a muy

grosso modo del universo paralelo del ser interior. Y, ¿cómo puede recorrer una tierra que se rehúsa a ver?

Si desea creer que lo único que existe es lo que sus ojos pueden ver, está bien, es su problema. Permanezca en esa pequeña fracción de la realidad perceptiva si así lo desea. Pero, en algún punto, incluso si ese punto llega al momento de la muerte, todos obtendremos ese conocimiento. He visto a cínicos convertirse en místicos en su lecho de muerte. Estamos aquí como si fuera un sueño material, desde donde nos invoca la naturaleza espiritual de nuestra amplia realidad. El mago, el alquimista, el hacedor de milagros, es simplemente alguien que se ha despertado a las ilusiones materiales del mundo y ha decidido vivir de otra manera. En un mundo loco, podemos escoger estar sanos.

Con el fin de que avancemos —y nuestra civilización— hacia la siguiente fase de la jornada evolutiva, es hora de que volvamos a encantarnos. El mago Merlín era un viejo con una gran barba blanca. Él no nació siendo un mago con todas las de la ley, sino que *se convirtió* en uno. Y su conversión, al igual que la suya y la mía, le debió haber tomado años. La mayoría de nosotros se ha alejado del conocimiento de nuestro corazón, y lo que hemos encontrado en ese desvío ha tenido profundo significado. De hecho, el mundo místico de los hechiceros y los castillos, de los valientes caballeros y dragones, resulta ser una capitulación más madura de la jornada de nuestras almas que todo lo que los supuestos realistas nos han enseñado o han visto.

Los cuentos de hadas infantiles no son en realidad una fantasía, más lo es nuestra cosmovisión.

En La bella y la bestia, un hermoso príncipe se convierte en una horrible bestia, hasta que el amor incondicional lo regresa a su verdadero estado. ¡Caramba!, eso suena igual a casi todas las personas que conozco.

Hace unos años, después de que fuera publicado mi primer libro, mi abogado me relató una conversación que había tenido con mi editor. Éste había comentado que yo era una "maestra espiritual," a lo cual mi abogado replicó: "¡No lo es! Ella escribe sobre espiritualidad, pero no es una maestra espiritual." Recuerdo que deseé decirle: "En verdad, John, pienso que sí *soy* una maestra espiritual," pero no lo hice, por miedo a parecer inmodesta. ¿Quién era yo para otorgarme ese título? Sin embargo, como dice *Un curso de milagros,* creamos lo que defendemos. En un esfuerzo por disuadir a los demás de que pensaran de mí como si yo fuera la gran cosa, actuaba de una manera en que me aseguraba que lo hicieran.

¡Oh!, ¿piensas que soy muy espiritual? ¡Mírame! ¡También puedo actuar como una estúpida! Pensando que era humilde hacer esto, disocié lo que yo era cuando no estaba trabajando desde la persona más iluminada en lo cual me convertía naturalmente cuando lo era. El ego defiende "la separación del ser," atrayendo pensamientos que conllevan a la conducta que a menudo refleja nuestro "opuesto." Eso es lo que muchos de nosotros estamos haciendo en esta vida: vivir lo opuesto a nuestra verdad, al igual que la bestia es lo opuesto al hermoso príncipe en el cuento de hadas.

Nos pavoneamos en el escenario de la ilusión, representando ese pequeño y patético papel, que el

ego producto del temor nos permite en esta trágica obra, repitiendo nuestro guión sin comprender que ése no es el libreto con el cual vinimos a esta vida. Nuestro libreto, de hecho, fue intercambiado en el momento del nacimiento: estamos actuando un papel que no es nuestro y ensayando un guión que no es nuestro.

El ego no solamente se defiende de la expresión de nuestro verdadero ser, sino también de que seamos conscientes de que eso es lo que estamos haciendo. Nuestro opuesto se convierte en la personalidad que nosotros, y todos los demás, creemos que somos en realidad. Luego, dado que el ego está guiando la manera en que nos presentamos, el mundo llega al acuerdo de que obviamente *eso* es lo que en verdad somos. Dejamos de ser príncipes para ser bestias. Y, por consiguiente, quedamos doblemente comprometidos: primero al presentarnos como lo que no somos, y luego por el oscuro contagio de un mundo que nos juzga por eso.

Solamente cuando comprendí que no era arrogancia, sino humildad, aceptar con gracia y honor el papel que actúo en el mundo, fui capaz de abandonar la personalidad que sentía consistentemente la necesidad de eludir.

Aceptar que Dios nos ha dado a cada uno de nosotros un magnífico papel en la Tierra por el puro hecho de ser humanos; que hemos nacido con un libreto perfecto grabado en nuestros corazones; que no es para nuestro crédito personal, sino para Su gloria que cada uno de nosotros es brillante: tales son las verdades que nos liberan de las mentiras del ego. La comprensión mística en un rayo de luz, es el Beso de Dios que nos transforma de regreso a lo que en verdad somos. Cada uno de nosotros puede despojarse de la carga de nuestro falso ser y permitir que emerja de nuevo la verdad.

El mundo en el cual vivimos hoy, que refleja de muchas formas lo opuesto a nuestra dulzura y amor, nos recuerda lo desesperadamente importante que es romper el embrujo que ha sido enviado sobre la raza humana y recuperar nuestro resplandeciente ser. Nuestra dulzura interna, ya sea que la llamemos "Cristo," "alma," o la palabra que sea que describa la esencia espiritual, la cual no está en el hogar en nuestras zonas mundanas de combate, es el único lugar en donde estaremos seguros siempre. El reino exterior no es nuestro verdadero hogar. El reino interior es nuestro todo. Y hasta que lo recuperemos, nuestro reino exterior será una tierra de sufrimiento para todos.

Mi naturaleza idílica y mística cuando era niña, raramente encontraba aceptación en mi familia o apoyo en mi escuela, un enigma al cual yo respondía —como lo hace la mayoría de las personas que tratan de encontrar el hogar cuando no están en él— fraccionándome físicamente. Me separé de mi espíritu auténtico, mi psique se dividió en dos como un diente roto. Mi espíritu erraba por encima de mí, como si estuviera sobre un estante en donde permaneciera alcanzable para mí, pero con la esperanza de que quedara invulnerable al escarnio ajeno, lo cual significaba que usando el máximo de mi juvenil habilidad, colocara mi espíritu en manos de Dios para que me lo resguardara.

Recuerdo cuando era una niñita, una de mis amigas más intimas vivía en una casa en donde había un

mural pintado sobre el papel tapiz del baño. Había dos angelitos descansando sobre nubes de donde colgaban espejos de mano. Y ese baño en la casa de Beth Klein se convirtió en una especie de capilla para mí. Salía con cualquier excusa para entrar en él y quedarme fascinada mirando el mural. Sentía que el diseño del papel tapiz me hablaba directamente de un lugar en el cual yo había estado y al cual anhelaba volver. Me preguntaba si los demás podían ver lo que yo veía en esa pared de mi Capilla Sixtina en la calle Tartan Lane.

Muchos de nosotros estábamos muy jóvenes cuando nos sentimos desterrados psicológicamente de nuestros hogares. Al sentir el destierro, manifestamos colectivamente un mundo desde el cual, si no cambiamos las cosas, *seremos* desterrados. La única forma en que podemos básicamente sanar una situación en la cual la raza humana está al borde de todo tipo de catástrofes, es reparar la separación original entre lo que somos en verdad y aquello en lo que nos hemos convertido.

En palabras del poeta T. S. Eliot:

> *No debemos cesar de explorar*
> *Y al final de nuestra exploración*
> *Llegaremos a donde comenzamos*
> *Y conoceremos el lugar por vez primera.*

Cada vida es un microcosmos del drama global universal. Cuando todos regresemos a la verdad en nuestros corazones, habremos liberado nuestra mayor creatividad e inteligencia. Esto abrirá posibilidades nuevas, y jamás imaginadas, para reparar la mente mortal,

dirigiéndonos a cocrear con Dios una experiencia transformada de vida en la tierra. Realineados con nosotros
mismos, nos realinearemos con el mundo. Y el cielo y
la tierra serán uno.

EN EL AÑO 2007, DESPUÉS DE HABER LEÍDO *Un curso de milagros*
por tres décadas y de haber dado conferencias sobre el
tema, literalmente miles de veces, pensé al terminar una
meditación: *¡Ahora me he convertido en una estudiante
avanzada del Curso!* Fíjese que no dije en una *practicante*
avanzada sino en una estudiante avanzada. Y eso me
tomó treinta años.

     ¿Qué es lo que ocurre con la sabiduría espiritual que
se toma tanto tiempo en ser digerida? La naturaleza en
boga de la búsqueda contemporánea llevaría a pensar
que uno pasa un año o dos en un asram y *¡voilà!:* llegó
a la cima. Pero mi experiencia argumenta lo contrario.
Se toma una década comprender la naturaleza básica
de los principios espirituales, otra década mientras el
ego intenta comérselo vivo a uno, otra década mientras trata de luchar contra él y, finalmente, comienza a
caminar más o menos en la luz. Cualquiera que piense
que el camino espiritual es fácil, probablemente no ha
estado en uno.

     ¿Qué significa todo esto de acoger la luz, caminar en
la luz y cosas por el estilo? ¿Qué es toda esta palabrería
acerca de la luz, la luz y la luz? En *Un curso de milagros*,
la luz es definida como "comprensión." Qué idea tan
hermosa, que ver la luz sea comprender.

     En la mediana edad, por lo general, estamos lo sufi-
cientemente conscientes como para comprender cuáles

son los asuntos que requieren de nuestra mayor atención. Hemos aprendido nuestros puntos fuertes y también nuestros puntos débiles. Sabemos cuáles son las partes de nosotros de las cuales nos sentimos orgullosos y cuáles deberíamos cambiar. Sabemos cuáles son nuestros *asuntos problemáticos* en esta vida. Puede ser que no sea una época en que aprendamos tanto cosas *nuevas* respecto a nosotros, como más bien a comprender con mayor profundidad lo que ya sabemos. Y los nuevos niveles de autoconocimiento brindan nuevas oportunidades de cambios radicales.

Este no es el momento de dejar de trabajar en nosotras; es el momento en que finalmente hemos acumulado suficientes indicios como para descodificar el caso, y resolver el misterio de por qué y cómo nos hemos mantenido confinadas por tanto tiempo. No es el momento de rendirnos y decir: "Es demasiado tarde para cambiar. Así soy." Muy por el contrario: es el momento de tomar la posición, de una vez por todas, de nuestro potencial. No se preocupe que le haya tomado tanto tiempo llegar a este punto. A todos nos lleva mucho tiempo. No sabemos nada hasta que sabemos a plenitud que no somos lo que deberíamos ser. Solamente entonces, tenemos la oportunidad de convertirnos en las personas que deseábamos ser, y que Dios dispuso para nosotros, desde el día en que nacimos.

Sólo por esa razón, estos son años sagrados.

Usted no puede construir una vida hasta que haya recopilado todas las cosas que ha llegado a comprender respecto a sí misma. Y la vida sería cruel si justo cuando finalmente llegara a comprender todo esto, llegará cierto tipo de desintegración predeterminada. Al igual que los adolescentes deben separarse de sus padres, usted debe separarse de la persona que fue hasta este punto, en la magnitud que esa persona no haya sido su verdadero ser.

Al descubrir lo que en verdad no somos, comenzamos a comprender finalmente lo que en verdad somos.

> *Querido Dios:*
> *Por favor, ablanda mi corazón*
> *en donde esté endurecido.*
> *Por favor, ayúdame a alcanzar*
> *pensamientos más elevados.*
> *Por favor, cimienta el camino*
> *para llevar una vida mejor,*
> *para mí y para todo el mundo.*
> *Amén*

AQUELLOS DE NOSOTROS QUE HEMOS EXPERIMENTADO LO MÁXIMO DE LA VIDA —tanto sus maldades como sus bondades— poseemos una mayor comprensión con la cual domar la bestia del caos y la indocilidad que amenaza hoy a la tierra. Hemos aprendido a las malas que la oscuridad del mundo es un reflejo de la oscuridad que llevamos dentro. Aprenderemos a domar la bestia del mundo domándola en el interior de nosotros mismos.

Cuando uno es joven, es poderoso en un sentido físico. La fortaleza de la juventud no es tanto merecida,

sino obsequiada como un don de la naturaleza. Sirve un papel que pertenece específicamente a los jóvenes: procrear y construir estructuras externas que apoyen la vida material.

En la medida en que nuestra fortaleza física comienza a declinar, puede ser incrementada por nuestra fortaleza espiritual. Sin embargo, opuestamente a nuestra fuerza muscular juvenil, el poder espiritual no nos es simplemente dado, se tiene que ganar. Y a menudo se gana a través del sufrimiento. Esto no es una deficiencia en el plan de la naturaleza, sino un *ahorro* en su plan. Nuestros músculos físicos no pueden ayudarnos a cargar todo el peso del dolor emocional del mundo, solamente puede hacerlo nuestra musculatura espiritual, amasada a través de repeticiones acumuladas de aflicciones.

Como personas maduras, llevamos con nosotros un elixir espiritual único. Habiendo visto nuestra oscuridad y la ajena, nos hemos vuelto más humildes ante la luz. Habiendo salido de la oscuridad, hemos desarrollado una devoción hacia el Dios que nos dio a luz. Habiendo cometido errores reales, sabemos lo mucho que significa sentirse perdonados. Habiendo sufrido, sentimos más compasión por el sufrimiento humano. Esas cosas dejaron de ser puras abstracciones para nosotros; son principios que han imbuido nuestra carne. Ahora somos fuertes en formas que no habríamos podido serlo antes. Y se necesita nuestra fortaleza. Estamos entrando en una época en que nuestra fortaleza interna, más que la externa, será la fuente de renovación y reparación más importante de la humanidad.

Cualesquiera poderes que hayamos podido perder con la edad, son pequeños comparados con los poderes que nos preparamos a ganar. Se siente una profunda satisfacción renunciar finalmente a algo insignificante, por ninguna otra razón que porque hicimos lo máximo que pudimos y ahora estamos listos para avanzar. La mediana edad trata sobre renunciar a las cosas que no importan, no porque nuestras vidas estén en descenso, sino porque están en *ascenso*. Al viajar hacia arriba, simplemente abandonamos una parte del equipaje. Quizá haya más sabiduría natural en lo que nos está ocurriendo de lo que creemos. Todas esas cosas que no recordamos, ¿no será que son totalmente banales? ¿No será que la naturaleza nos está *exigiendo* en vez de solamente solicitándonos que nos simplifiquemos? La única manera de envejecer pacíficamente es si respetamos las exigencias de la experiencia.

Es casi vergonzoso admitirlo, pero a veces es un alivio comenzar a desacelerarnos. Usted comprende que "más lento" no significa necesariamente "peor." La velocidad de nuestros años de antaño no fue tan constructiva como parecía. Al avanzar con tanta rapidez, nos perdimos a menudo de muchas cosas. Muchos de nosotros cometimos graves errores que no habríamos cometido, si no hubiéramos ido con tanta velocidad por la vida.

Recuerdo cuando era joven y escuchaba cantar a Otis Redding: "Aquí sentado descansando mis huesos...," y yo pensaba: *¿Quién necesita descansar sus <u>huesos</u>?* Ahora, obviamente, lo sé. Y cuando pensé por primera vez un día que yo estaba ahí descansando mis huesos, entré

en pánico. ¡Pensé que todo había terminado para mí si mis *huesos* estaban cansados! Pero luego comprendí algo más, como un secreto culpable: estaba *disfrutando* de estar ahí sentada. No estaba asistiendo a un retiro budista *tratando* de disfrutar de estar sentada, sino que de verdad ¡*estaba* disfrutándolo! Estaba disfrutando de la experiencia quinésica de una mecedora de una manera que jamás pensé que fuera posible. ("¡Oh!, ¡estas cosas de verdad son *útiles*! ¿Quién lo hubiera dicho?") No sentí la necesidad de levantarme, de ir a algún lado, ni de hacer nada en absoluto. Con menos adrenalina vienen menos distracciones. No sentí la necesidad de justificar mi existencia por medio de logros ni realizaciones. Entonces, fue cuando comprendí: *esto es muy distinto, pero no está nada mal*.

A veces lo que parece que hemos perdido es simplemente algo que era hora que dejáramos atrás. Quizá nuestro sistema solamente deja ir algo, hemos pasado por la experiencia y ahora ya no lo necesitamos. Un amigo mío estaba en una ocasión sentado con dos de sus mejores amigos, una pareja con quien había compartido muchas e intensas parrandas durante los años sesenta. Aproximadamente a las diez de la noche, la hija de la pareja que tenía unos veintitantos años llegó a casa, los vio sentados en el sofá y los reprendió: "¡Qué aburridos son ustedes! ¡Nunca salen!" A lo cual los tres le respondieron en unísono: "Ya salimos, ahora entramos."

La mente es su propio tipo de pista de baile. Lo que esta generación puede hacer desde nuestras mecedoras podría literalmente mecer al mundo. Si de hecho, el trabajo más creativo y elevado es el trabajo de la conciencia, entonces al desacelerarnos no estamos haciendo menos, estamos haciendo *más*. A medida que nos desaceleramos físicamente, nos encontramos en un mejor lugar para reavivarnos psíquicamente. Nos estamos volviendo contemplativos. Estamos desplazándonos de lo externo a lo interno, no con el fin de comenzar nuestra muerte, sino para replantar y reverdecer la conciencia del planeta. Luego, eso es lo que está ocurriendo ahora: estamos avanzando con más lentitud con el fin de ir más profunda y rápidamente hacia la dirección del cambio tan urgentemente necesario.

> *Querido Dios:*
> *Cuando descanse,*
> *que descanse en Ti.*
> *Te entrego mi espíritu*
> *para que pueda ser renovado.*
> *Por fin, estoy lista*
> *para cambiar.*
> *Amén*

PARA EL EGO, SIMPLIFICAR SIGNIFICA TENER MENOS; para el espíritu, simplificar significa tener más. Dondequiera que haya exceso de sustancias materiales, la experiencia del espíritu es limitada. Ya sea poniendo en orden su casa o dejando relaciones conflictivas, cualquier cosa que haga para depurarse del exceso de implicaciones materiales, deja el alma más libre para volar hacia su estado natural. Esa es la razón por la cual a menudo,

cuando nos acercamos a la cima del progreso espiritual, comenzamos el proceso de liberación de cosas.

Envejecer involucra dejar ir algunas de nuestras proezas físicas, quizá, o ciertas oportunidades mundanas, o que nuestros hijos vivan sus propias vidas. No obstante, ese dejar ir no significa constituir un sacrificio deprimente de la felicidad. Cada vez que nos sentimos llamados a dejar ir algo, hay un tesoro escondido que debemos encontrar en la experiencia. No puede ocurrir un nacimiento de algo nuevo, sin que muera lo viejo primero.

Usted se siente libre de preocupaciones antes de convertirse en padre o madre, de una manera que jamás volverá a sentir. Pero se siente *satisfecho,* al convertirse en padre o madre, de una manera que jamás ha sentido antes. Y ahí es donde se encuentra ahora nuestra generación. Ya no estamos libres de preocupaciones. Pero somos algo más. Somos adultos en el sentido más profundo de la palabra, y eso es un nuevo territorio psicológico.

Usted no recuerda el día en que cruzó la frontera de lo que era a lo que es, pero sabe que lo hizo. La liviandad de su juventud se ha ido, quizá, pero también el sufrimiento de sus años mozos. La angustia madura es preferible a la angustia juvenil; de alguna manera, es menos tortuosa. Usted sabe demasiado ahora como para reír *o* llorar como solía hacerlo. Ahora ve las cosas desde una perspectiva distinta, y con esa nueva perspectiva ha llegado un nuevo sentido del ser. En algún nivel esencial ha dado luz a un nuevo usted.

Hay pocas cosas en la vida más satisfactorias que el sentimiento de que por fin es dueña de sí misma. Ya no tiene que temer que alguna parte de su ser —algún fractal aún no integrado en su personalidad— la vaya a hacer tropezar. Siente por fin que *mora* en sí. Finalmente, pasó por todas las habitaciones, encendió las luces y se estableció en su morada.

Qué interesante es que el espíritu debe comenzar a encenderse cuando el cuerpo empieza a apagarse. Es humillante observar al cuerpo mientras envejece. El arco de la historia humana está codificado en nuestras células: en la mediana edad, nuestros huesos, músculos, órganos y sistemas reproductores, todos se están moviendo hacia un modo distinto, en una dirección inequívoca hacia la muerte, distante pero eventual. No obstante, hay mucho que podemos hacer para revivificar al cuerpo, incluyendo revivificar la mente. Podemos transformar de muchas maneras las fuerzas mortales en una vida renovada y santificada.

Podemos tratar nuestros cuerpos no como cosas que nos están fallando lentamente, sino como compañeros de nuestro renacimiento. Si nos identificamos solamente con el mundo material, entonces la edad nos arrastra como un invitado indeseado que ha llegado para quedarse. Pero, si nos identificamos también con nuestra existencia espiritual, entonces nuestra actitud hacia el cuerpo se convierte en una actitud de aprecio y gratitud. Después de todo, es la morada de nuestro espíritu. Cuando caminamos, montamos en bicicleta, hacemos yoga, levantamos pesas, comemos sanamente, tomamos hierbas y vitaminas o hacemos lo que sea con el fin de tratar bien a nuestro cuerpo, no solamente estamos aplazando la muerte, estamos afirmando la vida. Con cada estiramiento del cuerpo, ayudamos a estirar la mente. Con cada estiramiento de la mente, ayudamos a estirar el cuerpo. Y con cada estiramiento a la vez, los renovamos ambos.

Según la literatura espiritual, el cuerpo estará con nosotros siempre y cuando sirva la función del alma para que permanezcamos aquí. Cuando era más joven, pensaba que mi cuerpo era lo más natural del mundo. A mi edad, me siento muy agradecida por el funcionamiento de mi cuerpo, y con Dios por habérmelo dado.

Hay algo en tener menos de algo: menos energía, menos tiempo, menos lo que sea, que crea un cambio conmovedor en nuestro sentido de su valor. El cuerpo *es* un milagro, después de todo. Me parece que con la edad debe llegar una voluntad mayor para tratarlo con amor y con cuidado. Su cuerpo merece un poco de gentileza después de todo lo que ha tenido que pasar. Probablemente, usted también.

> *Querido Dios:*
> *Por favor, ablanda mi corazón*
> *en donde esté endurecido.*
> *Por favor, ayúdame a alcanzar*
> *pensamientos más elevados.*
> *Por favor, cimienta el camino*
> *para llevar una vida mejor,*
> *para mí y para todo el mundo.*
> *Amén*

Capítulo tres

Un momento crítico

Usted ha llegado a la mediana edad habiendo recolectado algunos indicios claves respecto a sí misma. La misión ahora es descubrir lo que significan estos indicios.

Muchos, si no la mayoría de nuestros problemas, comenzaron en la infancia, más específicamente en el seno de la familia de origen. La primera juventud es a menudo el momento del gran escape, en cuanto buscamos evadir nuestros conflictos evitando a nuestras familias. A fin de cuentas, llegamos a comprender que solamente enfrentándolos cara a cara es que podemos escapar de sus consecuencias a lo largo de nuestras vidas.

Mi propia familia ha sido un rompecabezas complicado conformado por piezas psicológicas extrañas.

Durante años, mi respuesta primaria a cualquier incomodidad que experimentaba en casa, era irme y no regresar excepto para un breve saludo cada tantos meses. No creo que habría podido hacer algo distinto, dado como yo era entonces. Pero, al alcanzar otra etapa de mi vida, comprendo que todo aquello que me lancé a buscar en el mundo, todo aquello que pensaba que mi familia no tenía o no podía enseñarme, estaba en verdad justo frente a mí todo el tiempo.

Nuestra familia es por lo general un microcosmos del mundo que encontraremos, ya sea que viajemos grandes distancias o que apenas nos distanciemos del hogar. Las lecciones que debemos aprender en la vida tienen que ver con la fragilidad del corazón humano y con la nobleza de su espíritu; con el sufrimiento implicado en el puro hecho de ser humanos y la lucha por sobrevivir la experiencia; la alegría y el beneplácito cuando nuestros hijos están bien y las lágrimas y la tristeza cuando se acaban el amor y las vidas. Jamás tuve que dejar mi hogar para aprender todo esto. Pero si alguien me lo hubiera dicho hace treinta años, no lo habría creído.

Ya sea que su infancia haya sido buena o no tan buena, ésta vive en sus células. Lo que haya ocurrido en su vida yace por décadas tras todo pensamiento y, por ende, en su conducta. Si usted era apreciada, se siente atraída hacia personas que la aprecian. Si no era apreciada, se siente atraída hacia personas que no la aprecian. Inconscientemente se siente atraída hacia individuos y circunstancias que reflejan con bastante perfección el drama de su infancia.

En palabras del novelista William Faulkner: "El pasado no está muerto. De hecho, no es un evento pasado." Hasta que no abordamos el drama más profundo de nuestro pasado, estamos forzados a recrearlo. Cuanto más ignoramos las heridas de nuestra infancia, más se infectan y crecen. Hasta que no sanamos a la niña que solíamos ser, el adulto en el cual deseamos convertirnos no tendrá la menor oportunidad de realizarse.

Podemos ayudar a liberar el drama de nuestra infancia, redefiniendo de quién somos hijos. Somos producto de nuestra familia de origen, puede estar segura de eso. Pero, ¿qué es exactamente, nuestro linaje mortal o nuestro linaje inmortal? Es un asunto importante, porque heredamos las riquezas de quienquiera que pensamos es nuestra fuente. Podemos haber heredado limitaciones y miedos de nuestros padres mortales, pero heredamos milagros y amor de Dios. Nuestros padres terrenales pueden haber sido personas maravillosas o pueden haber sido unos canallas, sin embargo, el punto más importante es que ellos no fueron quienes nos crearon. Supermán fue solamente *criado* por unas buenas personas en Kansas.

Siempre y cuando creamos que nuestros padres biológicos nos originaron fundamentalmente, sentiremos la necesidad de distanciarnos de ellos porque, en algún nivel, sabemos que no es cierto. Cuando vemos que de hecho, son sencillamente almas semejantes que nos dieron un maravilloso regalo al traernos a este mundo, luego (esperamos) hicieron lo mejor que pudieron para cuidarnos y criarnos bien, comprenderemos el significado de la deuda que tenemos con ellos.

Comprender que Dios es nuestro verdadero Padre-Madre, y toda la humanidad nuestros hermanos y hermanas, lógicamente nos lleva a una actitud de sentir más, y no menos, respeto hacia nuestra familia biológica. Saber con mayor profundidad quiénes son ellos en nuestras vidas —y quiénes no son— nos deja la libertad de amarlos más.

Muchas personas hoy en día jamás experimentan una verdadera ruptura de sus padres, permaneciendo aferrados psíquicamente a la infancia mucho tiempo después de la edad adulta. En la ausencia de un rito positivo de pasaje, quizá usted creó subconscientemente cualquier drama doloroso que lo forzaría a avanzar hacia un modo más maduro de vida.

Hoy, todos hemos sido forzados a madurar. Tanto individual como colectivamente, hemos sido desafiados por el universo para equiparar nuestros talentos con compasión, nuestra inteligencia con humildad y nuestro intelecto con sabiduría. El periodo de gracia de la juventud ya ha terminado. Ya no somos niños. Estamos en el frente.

UN RITO COMÚN DE PASAJE EN LA MEDIANA EDAD ES EL DECLIVE DE LA SALUD o la muerte de nuestros padres. Los seres que nos trajeron al mundo son por lo general los primeros en partir. Ellos nos dieron la bienvenida cuando llegamos aquí; ahora les diremos adiós cuando avancen a la siguiente fase de la jornada de sus almas.

Cuando estaba más joven, no podía soportar la idea de que mi padre muriera. Fue algo aterrador que me persiguió durante mis primeros años. ¿Cómo podría seguir existiendo sin él? Sin embargo, la antelación de la muerte de una persona es a menudo peor que los sentimientos que experimentamos una vez que ha ocurrido; descubrí que la muerte de Papá fue mucho menos intolerable que el *miedo* que sentía por su muerte. Después de que muriera mi padre, y luego mi hermana, jamás sentí que mi familia cercana se hubiera reducido de cinco a tres miembros. Más bien, es como si hubiera una fotografía de cinco personas en mi mente, y dos de ellas fueran negativos. Pero la imagen es la misma. Ellos siguen siendo mi familia.

Mi padre era una persona profundamente carismática. Pero, como ocurre a menudo, ese aspecto también conllevaba sombras. Habiendo él tomado un papel tan protagonista en el drama familiar, ¿quién más tenía la oportunidad de actuar como un personaje importante, si las cosas cambiaban? He notado algo similar en mi hija en cuanto a la forma en que ha manejado una situación en donde la madre es, digamos, no exactamente una persona modesta. Siempre he creído que ella tomó una decisión preverbal ya sea dejar a Mamá que fuera la estrella y simplemente aceptar el papel de actriz de segundo plano; o salir flameante en el primer acto, haciendo ver claramente a todos que esto se convertiría en un drama total. Dios sabe que escogió lo segundo. Y yo digo: *Qué bien que lo hizo.*

Lo que significa, espero, es que ella tendrá mucha experiencia como protagonista de su propia vida mucho antes de que yo muera. La aplaudo con efusión por esto. Sin embargo, en mi caso, y en el caso de muchas personas, no tenemos en verdad la experiencia de protagonizar nuestras propias vidas hasta que uno de nuestros padres ha dejado el escenario. Ésa, quizá, es la razón por la cual la naturaleza, en su obvia e implacable sabiduría, sigue un patrón común en el cual el padre o la madre muere primero.

No es sino hasta que usted está en la generación que será la próxima a dejar este plano, que sentirá en toda su extensión el peso y el poder de ser la estrella de su propia vida. Por eso es que, aunque sentimos la tristeza ante el envejecimiento de nuestros padres y lloramos por ellos cuando mueren, también sabemos —como solía decir mi padre— que la muerte es parte de un misterio mayor. Ahora, cuando pienso en él, sonrío ante la idea de que ya no es un viejo. Alguien me dijo en una ocasión que cuando uno muere, el espíritu retrocede a la edad de treinta y cinco años. Claro, es ridículo pensar que alguien en verdad sepa algo así. Es como la pregunta: "Si alguien que amo reencarna, ¿significa que esa persona no estará en el Más Allá para darme la bienvenida cuando yo llegue?" Quién lo puede saber. Creo que hay una especie de realidad multidimensional que deja que mi padre reencarne como uno de sus bisnietos este año, y al mismo tiempo encabece el comité de bienvenida de mi madre en unos años. Es esa cuestión de la "simultaneidad" que hace todo posible. ¡El tiempo no *existe*!

De todas maneras, esto es lo que sé: después de su muerte, *sentí* a mi padre. Hubiera jurado que me dijo muy lentamente: "¡Oh, *esa* es quien eres!" Obviamente, que nunca se fijó completamente en mí mientras convivía conmigo aquí en la tierra. Pero una vez que se marchó, sentí que sí lo había logrado. Y sigo sintiendo que lo hace. Por mucho que haya hecho por mí como padre, había límites en lo que podía hacer, porque había límites en lo que podía ver. Pero su muerte no terminó con nuestra relación; sencillamente, entramos en la siguiente fase. Y lo que él me brinda ahora, en la pureza del espíritu, más que compensa por lo que me negó cuando estaba en la Tierra. Mi padre no simplemente envejeció y murió. Al final, después de su muerte, se convirtió en todavía más de lo que es.

Yo también lo hice.

Querido Dios:
Por favor sana mi relación con mis
padres.
Ya sea que estén aquí en la Tierra
o que hayan atravesado el velo de la
muerte,
que solamente quede amor entre nosotros.
Que no me debiliten sus debilidades,
sino que me fortalezca su fortaleza.
Que estén en paz,
y yo también lo esté.
Ayúdame a perdonarlos,
y, por favor, perdóname.
Amén

EN LA JUVENTUD, DESCUBRIMOS NUESTROS DRAGONES PSÍQUICOS; en la mediana edad (si nos siguen rondando), es hora de exterminarlos. Es hora de un gran compromiso para sanar cualquier herida de la infancia que todavía tengamos. No puede haber victoria espiritual sin esto.

No es tan difícil sanarnos de estos patrones como a veces pensamos, una vez que somos honestos con nosotros mismos respecto a (1) cuáles son, y (2) quién es cien por cien responsable por ellos. Una herida que puede haber sido infligida en usted hace muchos años por alguien, se ha convertido en un defecto de su carácter que ahora es totalmente suyo. En la magnitud que proyectemos fuera de nosotros la responsabilidad por una disfunción nuestra, no podemos cambiarla. Sea de donde sea que la herida provenga, así sea hace muchos años, su sanación yace no en el pasado sino en el presente. Su subconsciente seguirá activando la herida por el tiempo que sea necesario —una persona de cincuenta años experimentando el dolor de un niño de cinco años— hasta que usted le permita sanarse.

Cuando la Biblia nos dice que oremos como lo hace un niño pequeño, no se refiere solamente a la fe de un niño. Es también debido al dolor del niño. La forma más poderosa de atraer la sanación a una herida es orar para que Dios se la lleve.

La sanación de Dios no es solamente algo que Él hace *por* nosotros; es algo que Él hace *a través* y *con* nosotros. Solamente cuando estamos dispuestos a alcanzar formas de pensamientos más elevadas, tenemos el poder de anular las fuerzas inferiores. Este proceso es mayor y más poderoso que la perspectiva psicológica. "Me siento desamparado porque mis padres me abandonaron; ¡la pareja apropiada lo entenderá!" es un sentimiento que comienza con inteligencia, pero luego se usa para aprisionar en vez de liberar. De hecho, su pareja perfecta en tal caso no sería alguien que "comprende" y es condescendiente ante su conducta de desamparo. Sería alguien que le dice con amor y firmeza: "Supéralo."

¿Cuál es la solución espiritual para tal problemática? Pedir un milagro: "Querido Dios: me siento tan desamparada que está destruyendo mis relaciones. Por favor, ayúdame a sanarme y muéstrame el camino." El cambio que estamos buscando es siempre uno en nuestro interior.

Y el cambio llegará. He advertido que cada vez que estoy dispuesta a *ser* diferente, algo o alguien llega para mostrarme cómo hacerlo. El patrón conductista sano que usted jamás desarrolló cuando niña, por haber estado demasiado herida o traumatizada para hacerlo, será modelado por alguien que *no* fue herido en esa área particular cuando era niño. De la nada, en apariencia, él o ella aparecerá frente a usted. Y, de forma lenta pero segura, usted aprenderá a conducirse como le hubiera gustado pero estaba demasiado herida para saber cómo hacerlo.

En la mediana edad, el nombre del juego es cambio. Estamos viviendo un momento de posibilidades cuánticas, no solamente en función de nuestra edad física sino en función de la historia del mundo. Es como si el universo se hubiera dividido en dos, lo cual quizá es cierto. Los que desean continuar el curso descendiente de la disfunción, la irresponsabilidad, el creerse con derecho a todo, el narcisismo, el dominio y el miedo, háganse a un lado; los que desean abrirse paso hacia las posibilidades más elevadas de la vida en la Tierra, háganse al otro lado. Podemos decidir que muera quien hemos sido hasta ahora, y permanecer en la luz de un nuevo sentido del ser.

Ni nosotros ni el mundo en que vivimos, llegaremos muy lejos como vamos. Podemos graciosamente dejar de ser las personas que hemos sido, convirtiéndonos en personas aún más trascendentales; o podemos dejar enojosamente que nuestras vidas sean cada día más caóticas y amargadas. Cada momento es una oportunidad para exhalar las viejas energías y respirar en la nueva vida; exhalar el miedo e inhalar el amor; exhalar las nimiedades e inhalar la magnitud; exhalar la grandiosidad e inhalar la grandeza. El renacimiento es un proceso gradual de abrazar y dar la bienvenida a la persona que realmente deseamos ser.

Observe detenidamente su vida ahora mismo. Si no le gusta algo de ella, cierre sus ojos e imagínese la vida que desea. Ahora permítase enfocar su visión interior en la persona que sería si viviera esa vida que prefiere. Advierta las diferencias en su conducta y en su presencia; permítase pasar varios segundos respirando esa imagen nueva, expandiendo su energía en este nuevo molde. Mantenga la imagen por varios segundos y pídale a Dios que la grabe en la memoria de su subconsciente. Hágalo a diario durante diez o quince minutos.

Si comparte esta experiencia con ciertas personas, es posible que le digan que es demasiado simple. Usted decide qué creer.

Querido Dios:
Por favor, graba en mí
la visión del ser que estoy destinado a ser.
Revélame la vida más elevada
que Tú deseas para mí.
Deshaz las fuerzas que me mantienen
aprisionada
para así poder servirte más.
Amén

PIENSO QUE LA MAYOR PARTE DE NOSOTROS TIENE UN SUEÑO, un anhelo secreto que jamás admitimos a nadie por temor de que se rían de nosotros. Sin embargo, ese sueño sigue siendo una imagen en nuestra mente que jamás se aleja.

En la mediana edad, usted comienza a preguntarse por qué esa imagen no se ha ido del todo de su mente. Se le ocurre que quizá es su destino, plantado en su cerebro como una pequeña pero poderosa semilla. Comienza a preguntarse si el sueño sigue porque se supone que lo deba cumplir. Quizá su subconsciente está tratando de enviarle un mensaje sobre algo verdaderamente muy importante.

En mis charlas, me preguntan a menudo: "¿Cuándo llegaré a saber lo que se supone que haga con mi vida?" Para mí, personalmente, la pregunta se ha transformado en: la única manera en que puedo saber lo que debo estar haciendo es si me enfoco en quien debo *ser*. Eso no quiere decir que no haya cosas magníficas que se supone que hagamos, pero Dios solamente puede trabajar *para* nosotros en la magnitud en que Él pueda trabajar a través de nosotros. Enfocarnos en ser lo que Él desea que seamos es la única forma segura para llegar lo más cerca posible a realizar Su voluntad.

Una vez que llegamos a cierta edad, tenemos la tendencia a recalibrar nuestras expectativas. Esperamos menos del mundo una vez que lo hemos visto de cerca; sabemos que nadie es perfecto, incluidos nosotros. Entonces, es cuando sentimos más aprecio por el lugar en donde yace la perfección. A medida que la grandiosidad del ego disminuye, la grandeza del espíritu se revela al fin. Habiendo visto el mundo de verdad, podemos ver que está manchado; habiendo atisbado a Dios finalmente, podemos ver que Él no lo está. Ver la yuxtaposición entre los dos es un prerrequisito si es que deseamos decirle: "Por favor, úsame, soy Tuya."

La parte de su vida que se ha terminado, con todas sus alegrías y lágrimas, fue como un entrenamiento espiritual. Fue el periodo de gestación para la vida que yace ante usted ahora. El sueño secreto que ha llevado siempre consigo, negándose su realidad incluso a sí misma, ha rehusado partir y está listo para nacer al fin.

Unas pocas veces en mi vida he escuchado una voz en mi mente de forma tan clara como si tuviera una persona a mi lado hablándome. En una ocasión, durante un periodo que yo pensaba era tan oscuro que jamás lograría superarlo, escuché estas palabras: "Este no es el final. Es el comienzo."

Y así fue.

LA NUEVA VIDA EMERGE NO DE LA ESTRATEGIA sino del carácter. Antes de comprender esto, usted podría haber creído que hacer planes, diseñar planes para su futuro o lo que fuera, era la clave para el camino a seguir. Pero nuestra verdadera clave para la victoria está en el interior. El estado de sus obras debe corresponder con el estado de su ser, o sino la incongruencia saboteará incluso sus planes más brillantes.

En los últimos años ha sido fascinante observar a los ostentosos y presumidos personajes de negocios y de política caer precipitadamente, no porque sus planes no hayan funcionado, sino porque los defectos de sus caracteres menoscabaron esos planes. Ya sea que el micrófono lo haya atrapado haciendo comentarios racistas o que su ambición haya superado su sentido común, la diferencia se evidenció mucho más en sus características personales que en sus hojas de vida, sus títulos e incluso sus éxitos pasados. Si usted falla en el arte de ser y permanecer humano, está cortejando desenfrenadamente al desastre. Entonces, ¿cómo cultivamos la mejoría de nuestra humanidad? ¿Cuál es la manera de realizar nuestra transformación personal?

Lo que he aprendido, en el grado en que he tenido éxito en todas esas cosas, es que el sendero para una vida apropiada se recorre un momento a la vez. Ya sea que usted se revele en la vida como un ser fatuo o como un santo tiene poco que ver con creencias o teología, más bien tiene que ver con su integridad personal. No nos transformamos en nuestro corazón por puras creencias, porque la creencia no proviene *del* corazón. La transformación del corazón no se logra a través de la mente, se logra a través de la entrega, la autenticidad, el perdón, la fe, la honestidad, la aceptación, la vulnerabilidad, la humildad, la buena voluntad, la ausencia de juicio y otros valores caracterológicos que deben ser aprendidos una y otra vez.

Podemos saltarnos algunas lecciones en la escuela, pero no podemos saltarnos ninguna de las lecciones de la vida. Éstas nos encontrarán. Si tenemos que aprender una lección y todavía no lo hemos hecho, entonces está programado en el universo que tendremos que aprenderla más tarde. *Un curso de milagros* dice que no depende de nosotros lo que aprendamos, sino solamente si lo aprendemos a través de la alegría o del dolor.

No obstante, en la mediana edad estamos destinados a aprender. Cualquier parte suya que esté bloqueando el surgimiento de lo más elevado, lo mejor de usted, tiene sencillamente que liberarse ahora. Esto ocurrirá de una forma u otra.

Permitir que el dolor del crecimiento personal sea un agobio para su espíritu —el cáliz alquímico a través del cual el metal de su antiguo ser se convierte en oro— es uno de los llamados más elevados de la vida. El dolor puede quemarlo y destruirlo, o quemarlo y redimirlo. Puede llevarlo a la más arraigada desesperación, o llevarlo a su ser más elevado. En la mediana edad, decidimos, de forma consiente o inconsciente, el sendero de la víctima o el sendero del ave feliz cuando al fin logra encumbrarse.

El crecimiento puede ser duro, y puede ser muy difícil esforzarse por alcanzar un nuevo ser. Envejecer ocurre por sí solo, envejecer con sabiduría es otra cosa.

En cierto punto de nuestras vidas, la mayoría de nosotras se *ha* sentido herida. Nos *hemos* sentido desilusionadas. Hemos *visto* morir algunos sueños, y nos ha costado trabajo perdonarnos o perdonar a los demás. El desafío de la edad no es eludir las desilusiones de la vida sino trascenderlas. Lo hacemos aprendiendo las lecciones que nos han enseñado, así hayan sido dolorosas, y salir del otro lado preparados para crear, con la gracia de Dios, una nueva vida.

> *Querido Dios:*
> *Que mi espíritu renazca,*
> *que pueda ser una mejor persona.*
> *Te entrego mi vergüenza*
> *por lo que he llegado a veces a ser,*
> *y mi esperanza por lo que desearía llegar*
> *a ser.*
> *Por favor, recíbelas ambas.*
> *Amén*

NADA DE ESTO ES FÁCIL.

El ego no tiene la menor intención de permitirnos crecer más radiantes y alegres con el paso de los años. No tiene la intención de permitir que vivamos como seres totalmente empoderados, alegres y espirituales, no si puede evitarlo. Su plan es destruir ese sueño, no solamente quebrando nuestros cuerpos, sino también quebrando nuestros corazones.

Desde su cuartel general, en lo más profundo de nuestra mente subconsciente, el ego magnetiza y manifiesta nuestras pesadillas. Fabrica falsos testimonios para nuestra culpa y decepción, encontrando formas de avergonzarnos y humillarnos, usando la metamorfosis insidiosa para recriminarnos y ridiculizarnos en cada momento. Caemos en el señuelo del agujero negro de la desconfianza personal y de la autoaversión, en la medida en que los problemas, tanto secretos como no tan secretos, comienzan a vislumbrarse en nuestro horizonte. Con cada año que pasa, perdemos valor al mismo tiempo que perdemos tonalidad muscular.

Pero esto no es más que el juego de la vida tal como debemos jugarlo todos. Ninguno de nosotros logrará evitar la noche, por mucho que pretendamos prolongar el día. Y la noche llega con su propio juego de lecciones. En cierto punto de la vida, sencillamente es nuestro destino enfrentarnos: ver todo lo que no hemos sanado en nuestro interior así nos vemos ante el reto de transformar nuestras heridas o comenzar a morir a causa de ellas.

Si usted siente, cuando mira su vida en retrospectiva, que ha tenido que lidiar con fuerzas primarias y no siempre ha ganado, tenga la seguridad de que usted es bastante parecida a todos los demás. Es raro el individuo que ha llegado a la mediana edad sin haber pasado por muchas aflicciones. Ya sea que usted haya o no reconocido sus lágrimas —que haya o no dejado que rueden por sus mejillas— no hay duda de que están ahí.

Nuestra generación, arrogante en nuestra época moderna, pensaba que éramos invulnerables a los antiguos mitos y arquetipos. Pensábamos que podíamos evitar el descenso en el inframundo psíquico... hasta que nos dimos cuenta de que nadie puede hacerlo y nadie lo ha hecho jamás. Existe una razón. El inframundo del dolor y las crisis personales, aunque difícil, es el terreno fértil inevitable para que incorporemos las fortalezas y los talentos para los cuales nacimos. Nuestros problemas se transforman en nuestra medicina cuando aprendemos a enfrentar la forma en que, primero que todo, los creamos. Esta medicina espiritual —a menudo de un sabor muy amargo cuando la consumimos— será vista un día como aquella que salvó nuestras vidas. Desde el divorcio hasta la enfermedad, la bancarrota o a cualquier otra forma de pérdida, usted llega finalmente a comprender que su crisis fue, de hecho, su iniciación a la plenitud de su ser.

Después de enfrentar el fuego de su iniciación y de sobrevivir a su ardor, ahora puede servir a los demás en una forma totalmente distinta. Al ser un testimonio viviente de la transformación de la vida, lleva en sus células el conocimiento sagrado, y lleva un fuego sagrado en su mente y en su corazón. No es el fuego de su juventud sino el fuego de Prometeo, quien emergió con la luz que iluminaría al mundo. Es una luz que usted *solamente* puede haber obtenido al enfrentar alguna versión de su infierno personal, y ahora está vacunada contra los fuegos que se arrebatan a su alrededor. Algunas veces, solamente el fuego puede extinguir el fuego, y tal es el fuego que ahora arde en su interior. No es el fuego de la destrucción sino de la victoria. Es el fuego de sus años en la mediana edad.

Capítulo cuatro

SÓLO DIOS SABE

En cierto punto de la vida, casi todo el mundo se siente perseguido por los fantasmas de sus remordimientos. Hay cosas que hicimos que hubiéramos deseado no haber hecho, y cosas que no hicimos que hubiéramos deseado haber hecho. Desde haber descuidado a la familia hasta amigos que abandonamos, desde haber actuado de forma irresponsable hasta oportunidades que desperdiciamos, situaciones que parecían confusas para nosotros cuando pasamos por ellas, ahora, en retrospectiva, las vemos con claridad.

Además, durante los años en que echamos por la borda sin miramientos lo que llegamos a ver más tarde como las cosas más importantes en la vida, seguimos clamando amargamente que estábamos en busca de *sentido*. Todo ese tiempo que estábamos anhelando el sentido de la vida, adolecíamos de él por ninguna otra razón que porque ¡no le estábamos *atribuyendo* el sentido a las situaciones que estaban justo al frente nuestro! Sentido no es lo que una situación nos da; es lo que nosotros le damos a una situación. Pero, ¿quién lo sabía entonces?

Es aterrador reconocer que usted no trató siempre la vida con el respeto que merecía. Para la generación de los años sesenta que ahora está entrando en la mediana edad, es muy común pensar esto. Al hacer pedazos algunas nociones gastadas de moralidad, con frecuencia hicimos pedazos también algunas nociones eternas. No intento repudiar el desaforo de esa época; de muchas maneras, fue una explosión creativa en nosotros y en el mundo. No obstante, había una sombra, al igual que hay una sombra tras casi todo. Y en cierto punto, enfrentar nuestras sombras es la única manera de eliminarlas.

Esa noche particularmente oscura del alma —enfrentando nuestra autoaversión por los errores de nuestro pasado— es como el pasaje de entrada a una mediana edad revitalizada. Algunas veces, décadas de experiencia deben ser perdonadas antes de poder sentirnos libres para seguir. Muchas de nosotras hemos enviado o recibido cartas o realizado llamadas expresando cosas como: "Siento mucho haberte hecho daño, en verdad yo era una verdadera idiota en 1985." Independientemente de toda la molestia por la que tuvimos que pasar para llegar ahí, es reconfortante sentir que hemos liberado nuestro pasado lo suficiente como para abrir espacio a una nueva madurez.

Algunas personas se preguntan por qué la energía en sus vidas parece no avanzar, cuando de hecho lo único que las retiene es su propia falta de voluntad para enfrentar las problemáticas que todavía deben ser enfrentadas, las sombras que todavía necesitan ser asumidas como propias y las correcciones que todavía necesitan realizarse con el fin de liberar su energía y reiniciar sus motores. Siempre y cuando estemos estancadas internamente, nuestras vidas estarán estancadas externamente; la única manera de llegar lejos en la vida es si estamos dispuestas a ir a las profundidades. No importa si el problema ocurrió hace unas décadas, el reto es enfrentarlo y lidiar con él ahora para que en las décadas por venir, se sienta liberada de la trampa kármica de tener siempre que volver a promulgar desastres.

Repito, lo que puede parecer como un desaceleramiento de nuestras naves es, a menudo, todo menos eso. El trabajo interior se realiza a veces con mayor facilidad mientras estamos sentadas tranquilas, que mientras estamos corriendo y ocupadas. Una agenda frenética nos ayuda a evitar mirar con detenimiento nuestro interior, pero a la mediana edad, tal tipo de evasión sencillamente no puede seguir existiendo. Un estilo de vida más calmado, velas y música suave en la casa, yoga, meditación y cosas por el estilo, son a menudo señales de rejuvenecimiento interno. Nos estamos enfocando en cambios que apoyan nuestro proceso de profundización. Conozco a una mujer que comenzó terapia a sus ochenta años. Llegó a comprender tanto sobre su vida en ese punto que pudo ayudar a otras personas además de a ella misma. Afectó sus conversaciones con sus hijos, lo cual afectó las relaciones de sus hijos con *sus* propios hijos, y así sucesivamente en un patrón infinito de milagros desatados por una comprensión más profunda del ser.

PARA CUANDO LLEGAMOS A LA MEDIANA EDAD, la mayoría de nosotros ha recibido el impacto del dolor emocional. Este dolor puede envenenar nuestro sistema o salir. Básicamente, son las dos opciones que tenemos.

A veces, la depresión es para el alma lo que la fiebre es para el cuerpo: una manera de quemar lo que tiene que quemar para luego regresar a la salud. Algunas noches oscuras del alma duran meses o años, mientras que otras sólo duran una o dos noches. De cualquier manera, son parte de la desintoxicación mística de nuestros miedos y angustias acumulados. Cualquier idea no reconciliada con la verdad permanece en nuestro "correo de entrada" psíquico, se coloca en la carpeta de la papelera de reciclaje, pero no ha sido borrada de la computadora. Toda la energía que no es llevada a la luz, entregada y transformada, permanece en la oscuridad, como una fuerza insidiosa de ataques activos y constantes tanto contra el cuerpo como contra el alma.

Incluso si usted ha llevado una vida bastate buena, a menos que haya vivido en una aldea remota en las montañas donde todas las personas a su alrededor hubieran sido siempre agradables y simpáticas, es probable entonces que venga cargando un poco de sufrimiento. En sus treinta y cuarenta y tantos años, estaba tan ocupada que logró mantenerse distraída, pero al llegar a los cincuenta, ese dolor exige ser escuchado. *Será* escuchado. Y es mucho, mucho mejor escucharlo en su mente y en su

alma, que por un doctor cuando los resultados de las prue-
bas regresen y desdichadamente no luzcan muy bien.

Al encender la televisión en estos días, uno se siente
bombardeado por anuncios que promueven la venta de
somníferos. Es comprensible, por supuesto, que las personas que tienen que trabajar al día siguiente traten de
pasar una buena noche. Pero, este asunto tiene más profundidad, es la historia de personas buscando ayuda en
sus esfuerzos por lidiar con los monstruos que a menudo
emergen de sus psiques muy tarde en la noche. Algunos de esos monstruos *deben* liberarse. Deben salir de
las cuevas en donde residen. Ellos brindan mensajes de
dolor, es cierto, pero el dolor que traen es a menudo dolor
importante. Si usted no siente la culpa, ¿cómo logrará
algún día motivarse para reparar su falta? Si no siente la
autoaversión, ¿cómo logrará motivarse para actuar con
más responsabilidad la siguiente vez? Si evita el dolor,
evitará sus recompensas. Suprimir los monstruos solamente los agranda. Permitirles que salgan —y permitirse
finalmente enfrentarlos— es la única manera de hacer que
se alejen.

No es siempre divertido enfrentar su pasado, no
la versión filtrada y revisada históricamente, sino la
verdadera historia de fondo, a la cual no mira a diario
porque la haría retroceder. En verdad no es cuestión
de lo que usted no desea que los demás conozcan
sobre usted; los eventos reales no son probablemente
peores que lo que otras personas han vivido. En
comparación con los demás, quizá a usted no le haya
ido tan mal. Pero, por todo lo que no hizo lo mejor
que pudo, la vergüenza permanece como una toxina

clandestina. La persiguen los remordimientos, quizá raramente durante el día cuando predomina el punto de vista ilusionista del ego, si no durante esas noches en que ninguna cantidad de somníferos, alcohol o sexo logra alejarlos. Ellos atraviesan puertas cerradas hasta llegar a su mente como si fueran fantasmas, y lo son. Y no logrará ahuyentarlos por mucho que grite: "¡Váyanse ahora mismo, váyanse!"

Solamente el riguroso trabajo de realizar un audaz inventario lo logrará, el valor de respetar su conciencia, saber que si hay algo que revisar, entonces es mejor hacerlo. Eso puede ser difícil. En palabras de Esquilo, el dramaturgo griego de la antigüedad: "El que aprende debe sufrir. E incluso durante nuestros sueños, el dolor que no puede olvidarse, cae gota a gota sobre el corazón, y en nuestra desesperación, contra nuestra voluntad, nos llega la sabiduría por la tremenda gracia de Dios." Entumecerse —en sueños o en vigilia— no borrará el dolor; solamente el perdón y el amor pueden lograrlo. Luego, a través de la alquimia de la redención y la gracia, los fantasmas irán a la nada de donde vinieron. Y ya no habrá más. El pasado quedará atrás y usted será libre.

> *Querido Dios:*
> *Por favor, perdóname por los*
> *errores de mi pasado.*
> *Que ni yo*
> *ni nadie más*
> *suframos por su causa.*
> *Por favor, Señor,*
> *ayúdame a comenzar de nuevo.*
> *Amén*

UNA DE LAS PROVOCACIONES MÁS NOCIVAS DEL EGO en la mediana edad es el fastidioso temor de que se nos está "acabando el tiempo." Sin embargo, el tiempo se expande cuando lo hace nuestra conciencia. Nuestro enemigo no es en verdad el tiempo, sino nuestras *falsas ideas* respecto a él.

La Biblia dice: "Y se acabará el tiempo," pero en vez de predecir el fin del mundo, quizá indica el final de la experiencia del tiempo de la forma en que lo hacemos. Los años después de los cincuenta, si son bien vividos, son *más largos* que los años entre los veinte y los cincuenta. De hecho, tenemos más tiempo del que creemos. La clave para estirar el tiempo es profundizar en el presente. Cuando lo hacemos, encontramos algo maravilloso: opciones que no comprendimos que teníamos en los días en que nos movíamos con demasiada rapidez para verlas.

En cierto punto, la mayor parte de nosotros ha experimentado lo suficiente del mundo como para no sentirnos ingenuos al respecto. Sabemos lo que nos ayuda y sabemos lo que nos hace daño. Tenemos recuerdos alegres y tenemos recuerdos dolorosos. Nuestro reto, en ambos casos, es no permanecer en los recuerdos.

Siempre que hay vida, hay posibilidad de amor. Donde existe amor, siempre hay esperanza. No importa lo que diga el espejo, no importa lo que diga su doctor, no importa lo que diga la sociedad, siempre hay esperanza. Es tentador sentir a veces que hizo mal las cosas en el pasado y que no hay nada que puede hacer para redimirse. O que la crueldad del mundo la ha abatido y ya no puede levantarse. Pero el milagro de la mediana edad es que nada que haya pasado antes de este momento tiene ninguna relación con lo que es posible ahora, excepto que lo que aprendió puede ser el combustible para un futuro esplendoroso.

Los milagros están disponibles en cualquier momento en que atraigamos lo mejor de nosotras. No es la cantidad de años lo que determina la vida que vivimos, sino la cantidad de amor. Nuestro futuro no se determina por nada que haya pasado hace veinte o treinta años, ni siquiera hace diez minutos. Se determina por quienes somos y lo que pensamos, aquí mismo, ahora mismo, en este momento. Casi cada hora del día, nos encontraremos en una situación en donde podemos ser ahora lo que no éramos antes, porque ahora *sabemos* lo que no sabíamos antes. Y desde esta novedad en nuestro ser, surgen oportunidades frescas que jamás imaginamos que podrían existir. Dios se especializa en nuevos comienzos.

Una vez pasé por algo que me provocó una profunda depresión. Me sentía herida por algo de mi pasado y sin esperanzas en el futuro. Por esa época, me mudé a una casa cerca del agua, en donde podía ver a diario un amanecer más hermoso que todo lo que jamás había visto. Cada mañana, el cielo parecía como un grabado japonés que hubiera brotado a la vida, con negras ramas tornándose verdes lentamente; un cielo negro como el ébano tornándose de un rosa brillante encima de las ramas y un hermoso color turquesa brillante a sus pies. Jamás había experimentado antes la naturaleza como algo tan espiritual. Era extraordinario. Tenía la certeza de que había sido dirigida a vivir en esa casa, y al paisaje de esa habitación como parte de mi sanación.

Todos los días, mis ojos se abrían automáticamente cuando el sol comenzaba a aparecer. Permanecía recostada, no solamente observaba el amanecer, más bien, el amanecer *entraba* en mí. La huella del amanecer —de un nuevo día que sigue a la oscuridad de la noche— llegó a impactar mis células. Una mañana fue como si escuchara la voz de Dios hablándome mientras presenciaba el amanecer: "Así es el trabajo que haré contigo." Yo también podría vivir mi propio amanecer después de la noche oscura de mi alma. Dios me daría un nuevo comienzo. Lo supe entonces. Y cerré mis ojos y volví a dormirme. Le di gracias a Dios con todo mi corazón. Y mi corazón se sanó.

A MENUDO ME SORPRENDE OBSERVAR los patinadores olímpicos. Alguien que ha practicado miles, literalmente miles de veces, aparece frente a una audiencia de televisión mundial en la competencia más importante de su vida, y tiene una caída que puede arruinar todos sus sueños en una fracción de segundo. ¿Cuántos de nosotros quedaríamos totalmente destruidos en ese punto? Pero ellos no lo hacen. Siguen. Realizan un salto triple un segundo y medio después. Sencillamente, no pueden permitir que su futuro quede determinado por su pasado. Y eso no es solamente una habilidad física. Es una habilidad emocional, una habilidad psicológica. Es una habilidad que debe desarrollar cualquiera que desee crear un pasaje hacia una segunda mitad de vida más creativa y emocionante.

No es sólo que "lo que pasó, pasó." Es mucho más que eso, algo más sagrado. Se trata de que lo que ha ocurrido hasta ahora fueron lecciones, a menudo extraordinarias, a menudo dolorosas. Sin embargo, lo único que estaba ocurriendo es que usted estaba teniendo la oportunidad de convertirse en la persona que es capaz de ser. Pasó algunas lecciones, otras las falló y tendrá que tomarlas de nuevo. Disfrutó algunas lecciones, y a otras se resistió y quizá hasta odió. Pero éstas la convirtieron —si usted lo decidió— en una persona mejor, más humilde, más accesible, más vulnerable, más sabia y más noble. Y desde ahí, todas las cosas son posibles. Un cuerpo juvenil es algo maravilloso, pero no estará tan bien como se supone que esté cuando usted no es quien se supone que sea. Una vez que llega a serlo, las grietas en su cuerpo pueden tener su belleza propia. Usted no tiene que ser joven para ser fabulosa.

Entonces, ¿cómo hacemos emocionalmente lo que hacen físicamente esos patinadores? ¿Cómo nos ponemos de nuevo de pie cuando la vida nos ha tirado por tierra? ¿Cómo superamos el pasado?

Sin perdón, esto no puede ser logrado.

UNA NOCHE, ESTABA EN MI CAMA A PUNTO DE DORMIRME, y comprendí que estaba siendo llevada a una dimensión a donde jamás había estado. Uso la palabra "llevada" porque ocurrió tal cual. En ese lugar yo sabía que estaba más vieja y que no habría podido entrar ahí si no hubiera tenido esa edad. Pero había una luz, un resplandor que era claramente algo que no hubiera podido conocer hasta ese punto. Supe entonces que si pudiera vivir en ese lugar de forma permanente, jamás lo vería como

un mundo inferior. No era un premio de consuelo; era evidentemente una recompensa. No era como si estuviera cargando un equipaje; era como si hubiera recibido un regalo.

"¡Oh, esto es la vejez!" Me dije a mí misma, aliviada de que fuera algo tan maravilloso. Pero me llegó una respuesta claramente: "Bien, no para todos." Yo estaba visitando un dominio interno que no era un hecho dado. Tenía que ser elegido. Me fue revelado en uno de esos dones temporales de gracia, quizás, pero sólo como un atractivo, una demostración de lo que podía merecer. Antes de que el presente comience a brillar así, tendría que aprender a perdonar.

Es bastante fácil permanecer en el amor y en la serenidad cuando los demás actúan de la forma que uno desea, pero ése no es un panorama realista de la vida. Todos somos imperfectos, todos hemos sido heridos, y la mayor parte de nosotros ha sido fustigada en una u otra ocasión por la crueldad ocasional de otros.

El perdón implica un amor que es más grande que el odio, y la voluntad de ver la luz en el alma del otro, incluso cuando su personalidad ha albergado la oscuridad. El perdón no significa que no actuó de forma horrible; solo significa que optamos no enfocarnos en su culpa. Al enfocarnos en ella, la hacemos real hacia nosotros, y al hacerla real hacia nosotros, la hacemos real *para* nosotros. La única manera de deshacernos de la vulnerabilidad de la conducta ajena es identificándonos con la parte de ellos que reside más allá de sus cuerpos. Podemos ver más allá de la conducta ajena en la inocencia de sus almas. Al hacerlo, no solamente los liberamos a *ellos* del peso de nuestra condena, sino que, además, nos liberamos también nosotros.

Ése es el milagro del perdón.

El perdón no es cuestión de ser agradables: es cuestión de ser inteligentes espiritualmente. Podemos tener una querella o podemos tener un milagro, pero no podemos tenerlos ambos. Podemos plantear una demanda contra alguien o podemos ser felices. Cualquier justificación que tenga para atacar a otra persona, es solamente un complot de mi ego para mantenerme bajo el yugo del sufrimiento.

Un concepto que me ha tomado años llegar a comprender a plenitud es que soy cien por ciento responsable de mi propia vida. Ahora bien, cien por ciento no significa treinta y cuatro por ciento responsable, y no significa noventa y seis por ciento responsable. A menos que usted esté dispuesta a aceptar que es *cien por ciento* responsable de su propia experiencia, no podrá llegar a suscitar una vida mejor.

Algunas personas albergan congojas que datan de veinte años atrás. En cierto punto, sin embargo, cada vez es más difícil culpar de todos sus problemas a alguien que los provocó hace tanto tiempo. No importa lo que le hayan hecho, el verdadero culpable es aquel que permite que pasen veinte años sin superarlo.

Puede que le hayan ocurrido algunas cosas terribles en su vida durante los años que lo han llevado hasta este momento, pero *usted* sigue siendo responsable por la forma como decide interpretarlas. Y la forma como usted interpreta su pasado determina si servirá para ennoblecerla o para derrumbarla emocionalmente.

Obvio, pudo haber algunas personas que lo engañaron con premeditación. Lo comprendo. Pero eso le sirve para comprender las formas en que usted les facilitó que lo hicieran. Claro, puede haber aspecto de su vida en donde sufra carencias, haya escasez de alegría, haya caos y desilusión. Pero es su responsabilidad asumir cada rincón oscuro de su vida y transformarlo.

No estoy diciendo que es fácil perdonar. Sólo digo que es imperativo hacerlo.

Mi amiga Gina pasó por un divorcio terrible donde tuvo muchas oportunidades de escoger entre el perdón y la culpa. Después de once años de un matrimonio que consideraba bueno —y cualquier persona que los hubiera visto juntos habría estado de acuerdo en que era un matrimonio grandioso— su esposo le dijo que quería separarse. Jamás había visto una relación en donde solamente una persona de la pareja tuviera conflictos, por lo tanto no estoy juzgando la conducta de ninguno de los dos. Pero puedo decir por el hecho de haber estado a su lado, que ella eligió el camino del perdón... y valió la pena. ¿Que si tuvo que pasar por un año en el infierno? Sí, así fue. Pero sus esfuerzos consistentes en bendecir y perdonar a su ex-esposo —un hombre al cual ella rehusaba sacar de su corazón a pesar de que él parecía haberla sacado del suyo— no solamente me causó inspiración, sino que, además, fue una manifestación evidente de la forma en que el perdón obra milagros. Ella siguió reivindicando el amor entre ellos, a pesar del hecho de que la relación se estaba destrozando. Estaba herida, pero no amargada. Mantuvo la fe. Él pudo dejar la relación matrimonial, pero ella no renunció al amor que había entre ellos. Al cabo de año y medio, habían logrado poner las cosas en completo orden. Ya no estaban casados, pero la amistad sobrevivió.

Eso era lo importante para Gina, no solamente para estar en paz con su antiguo matrimonio sino también para estar en paz con el hombre que ella conocería después. Si atraemos al presente la amargura del pasado, saboteará nuestro futuro. Incluso en medio de su divorcio, mi hija y yo bromeábamos respecto a que Gina atraía a los hombres como un imán. Y podíamos entender por qué. Al permitirse sentir su dolor sin defenderse contra él, crecía en flexibilidad en vez de dureza. Ella no se volvió apática ante la pérdida del amor como lo hacen algunas personas. La vi madurar, pero jamás la vi endurecerse. Y el amor seguía llegando a su vida.

Usted puede vivir el resto de su vida reaccionando y reproduciendo lo ocurrido, pero eso no le servirá para llegar a un lugar resplandeciente. Y todas las personas que usted encuentre conocerán subconscientemente cómo respondió ante su pasado. Sabrán si usted está ahí o si es una mejor persona debido a haber estado ahí. "Perdona y olvida" no es pura banalidad. Muchos dicen: "Perdono, pero jamás olvidaré." Tenga mucho cuidado con ese sentimiento, porque lo volverá sutilmente esclavo del sufrimiento. Olvide lo que le han hecho los demás, solamente recuerde las lecciones aprendidas. Deje caer su cruz. Abrace al cielo.

Querido Dios:
Por favor, enséñame a perdonar.
Muéstrame la inocencia en los demás,
y la inocencia en mí.
Te entrego mis juicios.
Que yo pueda ver más alla de ellos
en la suave paz
que sólo brinda el perdón.
Amén

EL EGO BASADO EN EL MIEDO REÚNE EVIDENCIA A CADA PASO, haciendo que sea difícil para nosotros perdonar. El ego está obsesionado con dos casos grandes: uno contra todos los demás, y el otro contra usted.

Algunas veces el centro de la mira no pertenece a nadie. Su nombre está en el rótulo del caso que se siente urgido a llevar a juicio: usted, por sus errores pasados: usted, por sus estupideces pasadas; usted por su inmadurez pasada; usted por su irresponsabilidad pasada; usted, sólo por ser quien es.

Los testigos de la fiscalía están por todas partes, y la corte está en su mente. El ego no está en búsqueda de la justicia, sino de culpables porque de eso se alimenta. Su caso en su contra no está basado en la noción de que haya hecho algo malo, sino en que de alguna manera fundamental usted *es* mala. Un argumento difícil de vencer. ¿Quién puede dormir bien si está convencido de que todo acerca de sí mismo es simplemente *malo?*

Usted siente que ha echado todo a perder en tantos niveles, de tantas maneras, que algunas noches, por

cualquier razón, todo le viene a la mente con tanta claridad... Qué vida tan encantadora, veinte años de malos
recuerdos azotando su cerebro como lanzaproyectiles
del infierno, lo cual, de alguna manera, son. Y usted
no tiene otro lugar en donde colocarlos excepto en el
gran archivo llamado "Todo lo que he echado a perder."
¿Cómo puede sentir que hay bondad en su senda si su
pasado ha sido tan malo? ¿Cómo puede tener esperanza
en el futuro cuando lo que recibió en el pasado fue
implacable y feroz? Y, ¿cómo puede en verdad defenderse contra un fiscal despiadado que se esconde tras
usted misma?

¿Conoce la expresión religiosa de "quemarse para
siempre en el infierno"? Bien, ahora ya sabe lo que
significa ansiedad, culpa y autoaversión sin fin. No
fue Dios quien la envió a vivir esto, sino más bien el
enemigo de su propia mente. El ego, el ser basado en el
miedo, la sombra —cualquiera que sea el nombre que
escoja— está en servicio activo siempre para consumir
en las llamas su tranquilidad.

La razón por la cual es posible y va a lograr escapar
de esas llamas, es que Dios garantiza su inocencia básica.
Él creó su inocencia, y lo que Él creó es inmutable e
indestructible. ¿Ha cometido errores? ¿Quién no? Pero
la voluntad de Dios es corregir nuestros errores, no
castigarnos por ellos. Nuestros pecados *nos* castigan,
no somos castigados por nuestros pecados. Es el ego el
que nos programa para cometer los errores y luego nos
castiga salvajemente por haberlo hecho.

Dios misericordioso ya ha desestimado todos los
casos en su contra antes de que el ego siquiera tuviera

la oportunidad de plantearlos. Sus errores, no importa lo malos que usted crea que hayan sido, no emanaron de su ser cuando Él la creó. Esta es la razón por la cual recordar quien es usted en verdad, es la clave para salvarse de las llamas de la autocondena.

Usted no es mejor ni peor que nadie. No importa qué tanto se arrepienta de su pasado, hay alguien en algún lugar que se arrepiente más del suyo. El sendero a la felicidad no se determina por si cometimos o no errores en el pasado. Lo que prepara el terreno de la felicidad es si convertimos o no nuestros errores en catalizadores para el crecimiento personal y la iluminación.

Piense en todo lo que ha tenido que sobrellevar e intente interpretarlo de nuevo con gentileza. Todo el amor que usted entregó fue real. Todo el amor que recibió fue real. Todo lo demás fue simplemente una ilusión, no importa lo duro o cruel que pueda haber sido.

No voy a insultarla diciendo: "Sencillamente, perdónese." Dios la perdona, porque Él jamás la vio como algo que no fuera inocente. Sus errores no cambiaron su verdad absoluta ni alteraron la naturaleza permanente del universo de Dios. Su ego no es tan poderoso. Enmiende sus errores de corazón, repare en lo posible sus faltas y será libre para comenzar de nuevo.

De acuerdo con *Un curso de milagros,* cuando usted no estaba en su mejor momento —cuando no estaba dando todo su amor— la bondad que desvió fue guardada en una reserva hasta que estuviera lista para recibirlo. Dios le regresará los años que se llevaron las plagas. Y el pasado, según usted lo conoce, ya no existirá.

Dondequiera que hubo miedo, el amor terminará prevaleciendo. Ya sea en respuesta a sus propios errores o a la crueldad del mundo, Dios siempre tendrá la última palabra. Y Sus palabras serán siempre respecto a lo mucho que usted es amada.

> *Querido Dios:*
> *Por favor, ayúdame a perdonarme*
> *por lo que hice y por lo que no hice.*
> *Derrama sobre mí*
> *tu misericordia infinita,*
> *que mi vida sea redimida.*
> *Llévate mi vergüenza, querido Dios,*
> *y sana mi corazón herido.*
> *Amén*

CADA VEZ QUE ME SIENTO BAJO EL EFECTO DE MI PASADO, intento recordar a las personas cuyas experiencias no solamente han sido mucho peores que las mías, sino peores que la de cualquier persona que pueda imaginar. Y a pesar de todo, han logrado reponerse.

Mi amiga Naomi, sobreviviente del Holocausto, tiene ochenta y seis años de edad. La Segunda Guerra Mundial comenzó el día que cumplió diecinueve años, cuando las tropas alemanas cruzaron la frontera polaca el primero de septiembre de 1939. Ella vivía en Varsovia en esa época, y pasó de llevar la vida de una joven lista para entrar a la universidad en Inglaterra, a esconderse de los nazis con su madre, esposo, hermano y cuñada. Su padre había sido arrestado por los rusos y enviado a

Siberia. En 1943, después de sobrevivir el bombardeo de Varsovia, Naomi y los demás miembros de su familia fueron amontonados en un camión para ganado en donde muchos perecieron, y llevados a un campo de concentración en Auschwitz.

Estuvo ahí desde los veintidós hasta los veinticuatro años. ¿Mis problemas a esa edad? Mis relaciones románticas, mi carrera y cosas por el estilo. ¿Los de ella? Adolfo Hitler.

El esposo de Naomi, su madre y su cuñada, todos murieron en Auschwitz. Su madre murió en un crematorio; luego su cuñada, después de decirle a Naomi una mañana que ese día no iría a trabajar ("No puedo soportarlo más," le dijo. "No puedo vivir así."), desapareció y jamás regresó. Mi amiga y millones de otras personas vivieron en campos de concentración nazis, en las condiciones más terribles en la historia que puedan haberse impuesto a seres humanos por otros seres humanos.

Naomi sobrevivió a la guerra. Después de emigrar a los Estados Unidos en 1946 se casó y enviudó por segunda vez, quedándose con tres hijos pequeños para criar por sí sola. Si alguien en esta vida podía haber sido aprobada, perdonada por haberse dado por vencida, debió haber sido Naomi. Sin embargo, ella no era así, no es así. Su carácter es mayor que las circunstancias. Crió a sus hijos maravillosamente, fundó un negocio de importación y exportación que resultó de un éxito tremendo (por cierto, en una época en que no muchas mujeres realizaban este tipo de cosas), y ha llevado una vida de inspiración para las incontables personas que la han conocido, incluyéndome.

En 2002, Naomi regresó a Alemania con su hijo. Mientras el avión se acercaba a Berlín y ella observaba desde su asiento la tierra a sus pies, él le preguntó qué sentía. Su respuesta, dijo ella, la sorprendió: "Es muy extraño, pero me siento bien de estar aquí. Lo decidí por mí misma. Nadie me trajo aquí. Vengo por mi propia voluntad."

Al visitar Wannsee —en donde en 1942, Hitler y sus altos comandos hicieron planes para "la solución final," o la completa exterminación de los judíos— Naomi colapsó. Sin embargo, la reconciliación con su pasado continuó. En 2003, partió en una jornada emocional hacia Auschwitz. Después de llorar todo el camino, tuvo una experiencia extraña una vez que llegó allí. Al cruzar el umbral con su descripción, famosamente irónica: "Arbeit macht frei" ("El trabajo te libera"), sintió que cada vez se fortalecía más y más. No sintió el dolor que pensaba. Más bien, dijo que sintió un espíritu de victoria moverse a través de ella mientras comprendió: "¡Dios mío!, ¡he regresado, he sobrevivido! ¡Vine aquí a perecer, pero no lo hice! Aquél que quiso destruirme fue destruido, pero yo sobreviví, ¡soy una sobreviviente!" En ese momento, comprendió lo que significaba *ser* sobreviviente, no solamente en forma física, sino también en forma emocional y espiritual. Y se liberó.

"Yo sabía que podía sacar provecho de mi pasado," había dicho ella, "pero sabía que no podía vivir en él. A pesar del hecho de que había vivido durante el Holocausto, jamás permanecí en él."

"Pasé por algo terrible, pero me gusta creer que algo bueno salió de ahí. Siento mucha más compasión hacia las personas. Me gusta pensar que soy mejor persona debido a eso."

"La esperanza siempre está con nosotros. A pesar del hecho de que todo luzca tan desolado, hay algo en nosotros que nos hace creer que las cosas van a mejorar. Sabía que tenía que mirar hacia el futuro. Tenía siempre que preguntar qué podía hacer *ahora* para ser más productiva. Quería vivir para el futuro, para mí y para mis hijos. Y lo hice."

Cada vez que me siento mal por mí, recuerdo a Naomi. Recuerdo a los que no lograron sobrevivir durante el Holocausto. Recuerdo a aquellas personas que incluso hoy, —en Somalia, Darfur y por todas partes— están viviendo atrocidades como ella. Y en la gratitud que siento por la relativa facilidad con que ha transcurrido mi vida hasta este momento, me elevo a un lugar en donde comprendo que mi vida —aunque no haya sido siempre la gloria— es de hecho, digna de que me sienta agradecida hacia Dios, por cada minuto de cada día. Y así es.

Si mi amiga Naomi pudo rehacer su vida después de lo que soportó, ¿quién de nosotros no tiene profundamente en reserva la fortaleza necesaria si tuviéramos que reconstruir la nuestra? Tenemos la responsabilidad moral de hacerlo, no solamente por nosotros, sino por esa ola creciente de esperanza colectiva, de hacer todo lo que esté en nuestro poder para levantarnos de las cenizas que puedan enturbiar nuestro pasado. Ayer fue ayer, pero el ayer ya pasó. Hoy es hoy, y el mañana espera.

Lo que le ocurrió ayer puede no haber sido maravilloso, o quizá ni siquiera estaba bajo su control. Pero en lo que usted se convierte debido a eso, o a pesar de eso, es totalmente su decisión. He conocido personas que pasaron por una fracción del trauma por el que vivió Naomi, y a pesar de eso permanecieron en el fango de sus penas y de su complejo de víctimas por décadas. Lo que comprueba su historia, como muchas otras, es que no somos nuestro pasado. No es lo que la vida nos lanza, lo que determina lo que será nuestra vida ahora, lo que la determina es qué tantos de nosotros estamos dispuestos a lanzarnos en la vida.

Si mi amiga Naomi pudo seguir adelante después de Auschwitz, entonces, ¿quién de entre nosotros, por la razón que sea, puede reclamar que no puede seguir adelante?

Querido Dios:
Por favor, aleja de mí
el dolor de mi pasado.
Llévate las flechas
que han atravesado mi corazón,
y sana mis heridas abiertas.
Amén

Capítulo cinco

LA FORMA EN QUE ELLA ACTUÓ Y EL COLOR DE SU CABELLO

Siempre intuí que para cuando llegara a mis cincuenta, podría dejar de esconderme. Cuando era más joven el mundo me parecía tan temible, tan inexplicable, (por lo menos para *mí*), que luchaba por lidiar con él escondiéndome. Algunas personas podrían observar mi carrera y decir: "A duras penas llamaría a eso esconderse," pero en realidad nadie sabe lo que uno lleva por dentro, lo que uno no se atreve a expresar.

Experimenté una división mental peculiar que ocurrió en los Estados Unidos, una aflicción neurótica de la cual fueron presas en particular las mujeres de mi generación. No lo comprendía conscientemente (pocas de nosotras lo hicimos), pero el mensaje que interiorizamos en nombre de la liberación era que solamente podíamos liberarnos si nos volvíamos como hombres. Podíamos ser atractivas y deseables, o podíamos ser inteligentes y ser tomadas en serio, pero no podíamos ser las dos cosas al tiempo. Muchas de nosotras hicimos lo que pensamos que teníamos que hacer: suprimimos a la diosa, a la mujer salvaje y sabia, con el fin de ajustarnos a un mundo al cual nos unimos en el subconsciente en su desdén hacia la feminidad esencial.

No creo haber disfrutado plenamente del hecho de ser mujer sin sentir vergüenza hasta que estaba en mis cuarenta avanzados. Antes de eso, sentía ambivalencia al respecto. Y mi ambivalencia acerca de los aspectos más interesantes de ser mujer, atraía ambivalencia tanto en las mujeres como en los hombres. Si nos sentimos culpables respecto a algo, ya sea que merezcamos o no el ataque, atraemos a alguien en nuestras vidas que refleje y articule nuestro propio rechazo. Sea lo que sea que yo hubiera hecho (sin importar lo atroz que fuera), si yo pensaba que estaba bien, también lo pensaban las personas a mi alrededor. Pero cuando he estado confusa o he sentido vergüenza de algo, entonces, siempre ha habido alguien listo para apabullar mi corazón. Uno de los dones que llega con la edad, es que finalmente llega a ser más fácil ignorar las opiniones ajenas. Hemos pasado por suficientes cosas como para conocer nuestros verdaderos sentimientos, y estamos listos para vivir las vidas que siempre deseamos llevar si hubiéramos pensado que estaba bien hacerlo.

Yo era subconscientemente (o quizá no tan subconscientemente) la clásica "hija de papi" jungiana, parodiando la vida de mi padre bajo la mala impresión de que mi madre no era lo suficientemente "importante." El precio psíquico que pagué por lo que ahora veo como una falsa ilusión de superioridad masculina, fue tremendo. Mi madre sabía cosas, cosas terrenales, cosas sabias y trataba de decírmelas pero yo no quería escucharla.

En una ocasión, estaba sentada con unas amigas hablando sobre la decisión que tenía que tomar una de ellas, soltera, sobre si debía o no abortar cuando mi madre se dirigió a nosotras en voz alta: "Ustedes, niñas, ¿no son lo suficientemente mayores como para saber que los hijos ilegítimos no existen?" Una de nosotras declaró que el asunto era cuestión de paternidad a lo cual mi madre respondió con frialdad: "Ustedes, niñas, ¿piensan que todas las personas que han conocido tuvieron un papá que fue su *verdadero* papá? En *mis* días, las mujeres sabíamos mantener *¡la boca cerrada!*" Nos quedamos en silencio, perplejas. Una mujer de la cual asumíamos que no sabía tanto como nosotras, de hecho, sabía mucho más acerca de las cosas de la vida y de la humanidad.

Ahora, me siento orgullosa de pensar que sí, soy la hija de mi padre..., pero también la hija de mi madre.

> *Querido Dios:*
> *En la magnitud*
> *que haya irrespetado*
> *el poder y la gloria*
> *del sexo femenino,*
> *que mi mente sea corregida*
> *y mi corazón sea transformado.*
> *Amén*

EN CUALQUIER ESPECIE DE MAMÍFEROS AVANZADOS QUE SOBRE-
VIVA y prospere, hay una característica antropológica
común: la hembra adulta de la especie despliega una
conducta feroz cuando percibe un peligro contra su
prole. Las leonas y las tigresas se vuelven encarniza-
das cuando detectan un peligro hacia sus crías. Entre
las hienas, difícilmente concebidas como las más tier-
nas de las criaturas, las hembras adultas rodean a sus
cachorros mientras los alimentan, manteniendo a raya
a los machos adultos hasta que sus bebés han sido
alimentados.

Uno pensaría que las mujeres de los Estados Unidos se deberían comportar mejor que las hienas. Sin
embargo, hay razones por las cuales no lo hacemos y
no lo hemos hecho. Las mujeres en nuestra zona del
mundo no hemos sido reprimidas debido a una ausencia de poder político —no por casi cien años— sino
por haber sido sometidas a siglos de fuerzas opresoras.
Toxinas emocionales han sido heredadas a través de los
tiempos. Ya no quemamos brujas, pero todavía no nos
hemos despojado por completo de la conciencia occidental y de nuestro recelo hacia el poder femenino.

Durante la Edad Media, la palabra *bruja* significaba "mujer sabia"; la proyección de "fealdad" hacia la
palabra bruja fue simplemente una caricatura fabricada
por la iglesia de los primeros cristianos, un intento
por denigrar y suprimir el poder de la mujer. Nuestra
franqueza así como nuestra espiritualidad fueron con-
sideradas enemigas. Mientras las sacerdotisas paganas
iniciaban a los hombres en su virilidad a través de ritos
sexuales, el cristianismo declaraba nuestra sexualidad
como sagrada, únicamente si era usada con fines de
procreación.

Una mujer que ya no podía tener hijos era entonces consideraba carente de su función "sagrada". De hecho, durante la quema de brujas, las solteronas más viejas eran por lo general las primeras en morir. Si uno no simpatizaba con la iglesia y con sus enseñanzas, se consideraba que congeniaba con el diablo. A pesar de que esta noción es ridícula, no tiene nada de gracioso el que cientos de miles o más mujeres fueron quemadas en la hoguera. La quema de las brujas fue un holocausto femenino.

Las mujeres hemos sentido *temor* de demostrar nuestra fiereza —en beneficio de nuestros hijos, de nuestro planeta o de cualquier otra causa— porque hemos temido ser catalogadas como "brujas." El hecho de que en vez de llamarnos brujas nos llamen ahora *cabronas* no cambia nuestra realidad emocional. No queremos ser vistas como "desgraciadas," "histéricas," "ruidosas." Como consecuencia, a menudo nos quedamos calladas respecto a las cosas que más nos importan.

Las mujeres paganas exaltaban la conexión divina entre un individuo y el mundo natural. Sus sacerdotisas conectaban, por medio de rituales, las almas entre sí y con el mundo a su alrededor. Su destrucción en manos de la iglesia de los primeros cristianos fue una tragedia no solamente para ellas, sino también para el desarrollo de la civilización occidental. Pues su desaparición presagió de muchas maneras la crisis ambiental moderna, cimentando el camino para una era en la cual ha sido considerado como aceptable el que la humanidad domine la naturaleza. Con el fin de dar término a esta crisis global, debemos desmantelar las formas de pensamiento que la produjeron. Parte de nuestra expiación por la forma en que hemos profanado la tierra, involucra la expiación por la forma en que hemos profanado una cultura en la cual se le otorgaba el merecido respeto a la sabiduría de las mujeres.

El hecho de que hoy podemos comprender lo ocurrido a esas mujeres y reclamar su autoridad espiritual, nos brinda la esperanza de que la humanidad pueda reparar su daño milagrosamente antes de que sea demasiado tarde.

Los milagros surgen de las convicciones, y no existe convicción mayor que la de la madre. Cuando nosotras, las mujeres, actuemos con cordura no *permitiremos* la destrucción del mundo. Pues somos las madres del mundo.

Por fin hemos recordado nuestro olvidado poder, no sólo físico para procrear sino espiritual para regenerar. Vamos a cambiar la historia; esta vez vamos a desviar al *Titanic* antes de que choque con el iceberg; vamos a detener milagrosamente la marcha loca y suicida ahora presidida por los gobiernos del mundo y ocurrirá porque nosotras así lo decimos.

Las mujeres debemos reclamar el entusiasta impulso femenino antes de que podamos aparecer de nuevo en la totalidad de nuestra gloria. Las brujas de ayer descansarán (eso espero), al encontrar en una nueva generación de mujeres la piedad y la compasión que merecen. Nos condolemos por ellas y por nosotras. Por cada mujer que no puede encontrar su voz o atraer su amor, o expresar su poder, o sanar nuestro mundo, hay una mujer que fue quemada viva por haberlo hecho.

Mientras avanzamos en nuestro camino, armadas con una nueva comprensión que nos permita exhumar nuestra pasión enterrada durante tanto tiempo. Y que puedan también ellas, nuestras hermanas deshonradas, encontrar la paz.

CUANDO ERA UNA NIÑA PEQUEÑA, RECUERDO QUE ME SENTÍA ATRAÍDA HACIA las niñas unos cuantos años mayores que yo. Me ocurría igual cuando tenía treinta y cuarenta y tantos años, y me sigo sintiendo así. Siempre he sentido que aquellas personas que han recorrido la vida justo unos años delante de mí, tenían algo importante que mostrarme.

Ahora veo el mismo patrón desde el otro lado: tengo amigas más jóvenes que me consideran y yo considero, como mis hermanitas espirituales. Es como si ellas crecieran en su poder y me brindaran el honor de valorar el mío. Hacer todo lo posible por ser un modelo impecable para los más jóvenes es un papel muy importante en la vida. Esto no significa que los años nos hayan perfeccionado. Apenas. Pero sí que nos tomamos con mucha seriedad nuestra responsabilidad de vivir de la forma más correcta posible.

Ser una guía para los demás no es sólo algo agradable que uno hace, ni siquiera es una opción consciente. Es un patrón que usted magnetiza hacia sí misma como parte del orden natural. Cuando madura, las personas más jóvenes que usted, aquellas a quienes les serán útiles sus enseñanzas, aparecen automáticamente en su vida. Cuando hablo de enseñar, no me refiero solamente a lo que usted sabe, sino también a lo que demuestra en su diario vivir.

No puedo imaginarme dónde estaría hoy si no hubiera sido por las personas que aparecieron en mi camino para enseñarme lo que tenía que ver justo en el momento oportuno. Ahora es mi turno; intentar armar algunas de las piezas de los rompecabezas de la vida para aquellos que me ven como alguien que ha logrado hacerlo en su propia vida. La forma en que nos conducimos, la armonía que atraemos o dejamos de atraer en nuestras vidas son enseñanzas holográficas que estamos irradiando a nuestro alrededor todo el tiempo. Una amiga más joven que yo, como una hermanita para mí, me ha dicho en más de una ocasión: "Tú piensas que te estoy ignorando, pero estoy escuchando cada palabra que dices."

A veces observo personas más jóvenes en mis charlas cuyos ojos brillan por algo que he dicho. (Claro que también he visto miradas de desaprobación.) Conozco la emoción de sentirse joven, escuchar por primera vez ideas nuevas y tener la dicha de ver a alguien que admiro por ser considerado como ejemplo de una cultura hacia la cual uno se siente atraído. Yo estuve en ese lugar antes, y ahora estoy en este lugar. Cuando encuentro una joven que me dice que algún día quiere hacer lo que hago, sonrío y le digo: "Tú puedes, sigue adelante." Cuando encuentro un joven que se inclina con respeto ante mí y me regala una rosa, la recibo con aprecio, respetando la generosidad de su gesto.

Nuestros mayores serán honrados cuando nosotros nos comportemos de forma más honorable. No nos sentimos bien en la mediana edad si no sentimos que estamos dando lo mejor que tenemos antes de dejar este mundo. O por lo menos, si no lo estamos intentando.

Querido Dios:
Que yo sea digna
de ocupar un papel honorable
en las vidas de aquellos
más jóvenes que yo.
Muéstrame también cómo
usar Tus dones,
y cómo transmitirlos.
Amén

HE ESCUCHADO HISTORIAS MÍTICAS Y NO TAN MÍTICAS DE MUJERES MAYORES que se enclaustraron en un convento, pensando que las cosas del mundo ya habían terminado para ellas y dejando caer el velo sobre los asuntos mundanos a partir de ese momento. Pero he llegado a pensar que la experiencia en el convento es un dominio interior, quizá externalizado, quizá no. El convento que importa es un espacio en el corazón en donde usted vive para Dios; pero eso no es todo. Usted vive para Dios no como un escape del mundo, sino en un esfuerzo máximo por vivir de la forma más correcta en él. Desde su familia hasta sus amistades, su ciudadanía, todos y todo lo que conoce, usted desea finalmente seguir el juego de la vida correctamente. La única forma de hacerlo, comprende al fin, es verlo por lo que es. En donde está. La vida no está por ahí fuera. La vida está en Dios.

Cuando solía pensar en las mujeres de la Edad Media que iban a un convento a la mediana edad (¡que en esa época seguramente correspondía a los treinta o treinta y cinco años!), sentía pena por ellas. Nada de diversión, ni de emoción, ni sexo. Y, ¡Dios mío!, ¡qué habitaciones tan aburridas! Pero hoy en día, la experiencia del convento (la variedad interna) significa todo menos eso: no diversión que no esté entrelazada con lo sagrado, no emoción que no esté entrelazada con lo sagrado, no sexo que no esté entrelazado con lo sagrado. O, en otras palabras: que lo sagrado, una vez que uno llega a comprenderlo, es en realidad divertido y emocionante, y cuando es apropiado, también es sexual.

Es importante celebrar su vida, porque es la vida que Dios le ha dado. Si Él le hubiera dejado un mensaje de texto creo que diría: "Disfruta."

Leí una entrevista con la actriz Cameron Diaz en donde decía que no creía que ser alegre y chispeante era menos válido que ser sombrío y temperamental. Reflexioné un momento, dándome cuenta que me tomó muchas más décadas llegar a comprenderlo. Las mujeres de la generación de la posguerra deseábamos ser tomadas totalmente en *serio,* sobretodo porque ése no fue el caso de nuestras madres. Suprimimos nuestra alegría bajo el falso supuesto de que la alegría era una tontería. De hecho, cuando uno comprende lo verdaderamente seria que es la vida es que uno se toma la oportunidad de reír a su paso. Mariane Pearl, la viuda de Daniel Pearl, el reportero asesinado del *Wall Street Journal,* ha dicho que la felicidad es un acto de resistencia.

Hay muchas formas en que somos castigadas, incluso por nosotras mismas, por el impulso eufórico que corre por nuestras venas. Cada vez que veo una persona sin hogar deambulando por la calle en un ridículo atuendo (por lo general luciendo algo parecido a un sombrero con orejas de conejo o con muchos botones proclamando una invasión de OVNIS) una parte de mí piensa: *¡oh, pobre alma perdida!*, y otra parte de mí piensa: *me gustaría tener la osadía de usar algo así.*

Se me ocurre que jamás he visto una estatua de una diosa griega o hindú que no luciera un vestuario magnífico. La idea de que una mujer *espiritual* opte por verse menos acicalada fue introducida en nuestro sistema de creencias por una institución que odiaba a las mujeres: recordemos, el mismo club que quemó mujeres en la hoguera. Entonces, cuando ellos sugieren que una mujer debe vestirse de forma sencilla y simple con el fin de mostrar su piedad, yo corro a ponerme una camiseta. El maquillaje y las joyas han existido desde antes de que *ellos* existieran; hace miles de años las mujeres usaban labial y rubíes y sabían exactamente lo que hacían. La Reina Ester no salvó a su pueblo esa noche luciendo poco atractiva. Cualquier esfuerzo por castrar a la mujer es un esfuerzo por quitarnos nuestro poder; y hacernos sentir culpables por desear lucir bien forma parte del mismo juego opresivo.

Nuestra sociedad tiene dos caras respecto a la mujer madura que trata de lucir bien. Ella se siente avergonzada por "dejarse llevar," pero, a menudo también se siente avergonzada por tratar de mantenerse bien. Todos esos discursos relacionados con el "envejecimiento natural"

son bastante ridículos. ¿Podemos hablar sobre pestici-
das, contaminación, carcinógenos, agujeros en la capa
de ozono, nuestras preocupaciones, la ansiedad por la
economía y las estadísticas de divorcios? No hay nada
necesariamente *natural* en todo ese estrés en su rostro.
Si una mujer desea hacer un pedido de la última crema
anti-envejecimiento a través de una línea gratis, comprar Botox, o emplear cualquier otro procedimiento
cosmético, pienso que debería hacerlo. No veo más *digno*
envejecer con un régimen proactivo para permanecer
sexualmente atractivas y a la moda, que simplemente
apreciar sus arrugas.

¿No es "serio" desear lucir bien? ¿Qué tiene de serio
no lucir bien? La hermosa y siempre joven Gloria Van-
derbilt ha dicho que la belleza es un don de Dios el
cual tenemos la responsabilidad de cuidar por el mayor
tiempo posible. En todo caso, no veo cómo mi aspecto
demacrado ayuda a una mujer en un área arrasada por
la pobreza. De hecho, lo que *sí* veo es que en cualquier
área de mi vida en donde deseo la excelencia, esto me
eleva a un nivel de realización en donde es más probable que pueda ayudar a esa mujer.

Negarse el cuidado personal no se traduce en el cuidado hacia los demás. Una mujer que se cuida, tanto en
cuerpo como en espíritu, es parte de su participación en
una aventura femenina salvaje y maravillosa. Esta aventura es emocional, intelectual, espiritual y sexual.

He comprendido que la mayoría del combustible
del motor de mi vida como madre, activista, escritora,
ciudadana, y creadora en cualquiera área, proviene
de mi habitación y de lo que ahí ocurre más que en

cualquier otro lugar. Puedo comprar cientos de escritorios, pero siempre termino por escribir sentada en mi cama. La biblioteca no es mi cuarto de motores. La cocina tampoco lo es. En donde vivo, en mi lugar más apasionado está mi cuarto de motores. Y existen diosas en todas las culturas y en todas las épocas que están de acuerdo con esto. El mundo de la antigüedad estaba dotado de templos románticos y eróticos. Yo no tengo exactamente un templo, pero tengo una habitación, y con ésta comienzo.

A veces, cuando pienso en todo el sufrimiento que hay en el mundo —desde la tortura hasta la esclavitud y el abuso infantil— siento gran asombro ante la comprensión de que debe existir una tremenda fuerza contraria que ha evitado que la humanidad se destruya por completo. Considere el hecho de que cada segundo alguien nace. Cada segundo alguien muere. Los ciclos de la vida continúan, circunvalando el globo a cada momento. Considere lo siguiente: cada segundo (o espero que así sea, más o menos), alguien en algún lugar está teniendo un orgasmo extático con alguien que ama. Pienso que este círculo de éxtasis probablemente está haciendo tanto para evitar que el mundo se desintegre como cualquier otra fuerza.

Las palabras de odio, los actos de violencia, las terribles acciones cometidas a la luz del día, no tienen máximo poder ante los verdaderos actos de amor, muchos de los cuales son realizados durante la oscuridad de la noche. Cuidar del hogar es parte de la misión prototípica de la mujer, y ese hermoso momento en la oscuridad *es* el hogar. Debemos honrar nuestra función como guardianas de la llama erótica. El dormitorio es donde concebimos a los hijos y arreglamos a nuestros amantes, estas dos cosas avivan la llama de la supervivencia de la raza humana.

Cuando una mujer envejece, todo esto adquiere mayor importancia porque estamos usando el poder de la conciencia para compensar por el tiempo que ha pasado para nosotras. Una vez que hemos terminado los años de crianza de los hijos a la naturaleza en realidad no le *interesa* ¡si volvemos a tener o no relaciones sexuales! Ya no seguimos recibiendo mucha *ayuda* de la naturaleza como solía ocurrir. Pero nuestra magia sexual no es solamente cuestión de tener bebés, también es cuestión de encanto. No atraemos a los hombres a nuestras camas con el fin de procrear, los atraemos con el fin de prender el fuego de sus corazones. Los conquistamos en un espacio embrujado y embrujador en donde la alquimia romántica del amor pueda ayudarlos a llegar a su grandeza, y nosotras a la nuestra. Esta no es una labor que se acaba cuando envejecemos; de una manera, es una labor que ni siquiera *entendemos* hasta que comenzamos a envejecer. La mediana edad *no* es la época de desencantarnos. Es la época de otorgarle fuerza plena a toda nuestra magia.

EL ENTUSIASMO NO GOLPEA A SU PUERTA en menos ocasiones cuando uno es viejo que cuando es joven. Sólo que cuando es más joven, está más propenso a abrirle la puerta y dejarlo entrar. Con la edad, uno comienza a sentirse *ambivalente* respecto al entusiasmo. Uno podría decir que lo desea, pero al mismo tiempo no está segura si tiene la energía suficiente. Sin embargo, una forma infalible de disminuir su energía es negar la píldora de energía más maravillosa que es la participación en la vida misma.

Mi padre vivió hasta los ochenta y cinco años, y toda su vida estuvo lleno de entusiasmo. Solía decir: "¡Tienes que tener sentido de la aventura!" ¡Y vaya si él lo tenía! No solamente era evidente por sus dramáticas aventuras alrededor del mundo; también era evidente por su enfoque en la vida diaria. La forma en que conducía su convertible incluso cuando llovía porque "sólo los débiles bajan la capota." La forma en que le enseñaba a sus hijos pequeños el método de actuación de Stanislavsky como un substituto para los juegos normales. La forma en que andaba con una gorra de capitán griego a pesar de que vivíamos en Tejas, ¡por si acaso un navío griego llegaba a llamar y a decir que lo necesitaban! Mi padre era como la versión masculina de Auntie Mame. Todo lo que hacía, lo hacía de *lleno*, apasionadamente y con todas sus fuerzas. Un hombre como mi padre no acudía a las vitaminas para tener más energía. Acudía a la *vida* para tener más energía, entregando la suya propia.

En la Iglesia Ortodoxa Rusa existe el concepto del "portador de la pasión." Creo que en eso es en lo que la mediana edad nos convierte: en portadores de pasión por la vida, personas que hemos vivido lo suficiente como para sentir la pasión por el dolor de la vida así como por sus triunfos. En cualquier magnitud que podamos demostrar alegría, mantenernos de pie en el espacio de nuestra propia resurrección, abrimos un espacio para el estímulo y la victoria en las vidas de los demás.

El papel de los mayores es dirigir las celebraciones tribales. Somos las portadoras del factor entusiasmo. Cuando una mujer veinte años menor que yo me anuncia que está embarazada, siento que cumplo con una especie de función primaria diciéndole que pienso que es lo más emocionante que puede haber en el mundo. Es como si yo representara la opinión de algo más grande que yo. Una adolescente es admitida en un equipo deportivo o en una competencia literaria, una joven consigue entrar en el programa de entrenamiento gerencial de la compañía para la cual ha trabajo durante muchos años, un joven inicia su propia compañía o consigue su primer cliente, en todos estos casos el entusiasmo de una persona mayor puede ser un recuerdo que perdure en cada una de ellas durante mucho tiempo. Las personas necesitan saber que el mundo está de su lado; y para una persona joven el "mundo" es a menudo representado por el adulto con el cual hablan en ese momento.

La celebración no es pasiva, es una energía activa. He escuchado a jóvenes menospreciar algo que sé que en sus corazones representa un sueño hecho realidad, diciendo algo como: "¡Oh, no es para tanto!" Pero yo les digo con determinación: "¡*Sí* que lo es!" y entonces toda su actitud cambia.

Lo hago esto por ellos y por mí. Cuando uno ha vivido lo suficiente, ha derramado las suficientes lágrimas, sabe la bendición que es tener una razón para sonreír. Las personas que sienten pasión por la vida no tienen una actitud positiva no porque no lo sepan. Son positivas porque lo saben. Saben que en cualquier momento puede ocurrir una desgracia. Si no está pasando hoy, agradezcámoslo.

Solía tener una botella de buena champaña en mi nevera. Permaneció ahí por meses, esperando algo que "celebrar." Finalmente, alguien se la robó. Aprendí la lección. Esperé demasiado.

> *Querido Dios:*
> *Te alabo y te agradezco*
> *por las bendiciones en mi vida.*
> *Que no se disminuyan*
> *debido a mi falta de aprecio.*
> *Enséñame a recibir bondades*
> *y a apoyar a los demás a reclamar las*
> *suyas.*
> *Amén*

EN UNA OCASIÓN IBA EN UN TREN EN INGLATERRA, justo después de dejar a mi hija en una escuela secundaria en Oxford. Antes de irme, me había enseñado sus lugares favoritos durante su reciente viaje de verano: la *crêperie* en donde ella y sus amigos habían permanecido hasta tarde en la noche hablando del capitalismo y del marxismo ("Sí, cariño, tu madre también fue joven, ¡ya pasé por *todo* eso y me las conozco todas!"); la Iglesia de Cristo reconstruida por Enrique VIII en 1532 (mi hija y yo tenemos una conversación pendiente acerca de Ana Bolena, en la cual insisto que de cualquier manera que lo veamos, decapitar a la esposa *es* abusar de ella); y nuestras conversaciones esa mañana sobre filosofía y amor estaban mezcladas con mis recomendaciones de que hiciera cosas como no olvidar pasarse el hilo dental. A mi regreso a Londres, lloré un poco. Mi pequeña ya no era un bebé. Ni siquiera una niña. Ella está en ese grupo que Louisa May Alcott denominó de forma tan exquisita "mujercitas." Antes de que me hubiera dado cuenta, "Mami, ¿me das permiso?" desaparecería por completo y, supongo, pronto sería reemplazado por "Mami, por favor envía dinero."

Este tiempo de transición era tan profundo para ella como para mí. He sido buena en algunos aspectos de la maternidad, en otros he sido aceptable, y en otros probablemente, he sido un desastre total. Jamás he horneado una galleta en mi vida. Me la paso comprando libros de cocina, pero luego los leo y digo "tal vez no." No obstante, todos tenemos nuestros talentos, y estoy dispuesta a pasarle a ella los míos.

Nuestros hijos son más que nuestra carga; una vez que pasan la pubertad, deberían ser nuestros alumnos en las lecciones más profundas de la vida, nuestros aprendices para vivirla bien. No quiero que mi hija sienta que tiene que dejar de estar a mi lado con el fin de aprender cualquier cosa que sea *verdaderamente* importante. Deseo ser más que un policía que establece *límites*, ¡por Dios Santo! deseo ser su mentora mística.

Criar hijos es una práctica espiritual avanzada. Mantenerlos cerca cuando uno es el mundo para ellos es a veces abrumador; dejarlos ir cuando están listos para seguir con sus vidas es también abrumador. Además, mantener abiertas las líneas de comunicación es a menudo mucho más fácil de decir que de hacer. Es muy distinto a cuando eran unos graciosos niños pequeños en sus pequeños y simpáticos atuendos con quienes realizábamos jueguitos simpáticos. Veo a las personas con sus adorables bebés, gloriosamente inconscientes de que llegará el día en que ya no podrán controlarlos, y pienso: *Oh, cariño, sólo espera y verás.* Pero no digo nada. Sólo sonrío. Dejémoslos que disfruten mientras dura. Antes de que se den cuenta, perderán esa adoración incondicional a la cual se han acostumbrado.

A todo padre o madre le llega el momento en que una mirada en los ojos de su hijo dice: "Ahora lo entiendo. Ya sé cómo eres." Ellos tienen que aprender a respetar la vida floreciente de un hijo cuyo destino final es únicamente suyo. En cierto punto, una fuerza vital arrebatadora pasa de nosotros a nuestros hijos, y solamente cuando permitimos que esto pase es que un nuevo fuego comienza a arder en nuestro interior. No podemos seguir aferrándonos al fuego que solía ser nuestro. Debemos dejarlo partir y observar con una mezcla de emociones mientras se enciende en el interior de nuestros hijos e hijas.

No obstante, esto no significa que ellos han ganado algo que nosotros hemos perdido. Aquel día, mientras me alejaba de Oxford, yo iba llorando pero también iba sonriendo. Mi hija era libre ahora de una manera que solamente los jóvenes pueden serlo. Pero yo también estaba libre, en una manera que solo puede serlo alguien que ha criado a sus hijos a cierta edad y los ha visto crecer. Ella *y* yo merecíamos nuevas alas.

Ambas necesitábamos pasar a la siguiente etapa de nuestras vidas y entrar en una nueva época de años mágicos. Todos debemos seguir la trayectoria de crecimiento de nuestra propia alma. Por un lado, no me puedo imaginar cómo me sentiré cuando no tenga que mirar el reloj a las 3:15 de la tarde y decir con emoción: "¡Oh, pronto llegará a casa mi hija!" (Es fantástica la forma en que los adolescentes llegan a casa dando un portazo y bramando "¡Ya llegué!" con tal confianza que son las mejores noticias que una persona puede escuchar en todo el día.) Por otro lado, sé que habrá nuevas experiencias en el futuro cuando ya no compartamos la misma ciudad, distintas a las que ahora vivimos, pero no por eso menos maravillosas.

Solamente cuando uno permite que otra persona crezca, llega uno también a crecer. A veces, por supuesto, esto significa que esa persona se aleje de uno. Contrario a la lógica, cuanto más uno permite que una persona asuma la distancia que requiere, más cercanos se vuelven los lazos entre las dos. Cuanto más libero a mi hija, más ella me deja entrar en su vida.

Jamás olvidaré cuando mi nenita era tan pequeña que tenía que acomodarla entre dos cojines en mi cama mientras me sentaba a su lado a escribir. Regresan a mi mente esos momentos cuando ella se recuesta ahora sobre la misma cama, al llegar de la escuela, mientras conversamos sobre sus tareas y sobre la historia y la vida. Estos son los buenos viejos tiempos, y créanme, lo sé. Al observarla un día, comencé a afligirme ante la idea de que estaba creciendo tan rápidamente que ya pronto no tendríamos estas sesiones diarias de madre e hija hablando de todo un poco después de la escuela. Pero luego mi tristeza temporal fue interrumpida por una visión tan hermosa como lo que tenía al frente mío. Nos vi dejándonos caer de nuevo sobre la cama, pero esta vez con otro bebé, como cuando una nueva mamá viene a visitar a la abuela. El bebé es hermoso, la madre está extasiada, y la abuela no se queda atrás. Por lo menos así lo vi con el ojo de mi mente, y así lo pedí al cielo.

> *Querido Dios:*
> *Por favor, cuida a mi preciosa hija*
> *mientras su sendero se aleja del mío.*
> *Que los ángeles la rodeen*
> *y que encuentre su camino.*
> *Que mi amor por ella*
> *sea una luz que la rodee*
> *por el resto de sus días.*
> *Amén*

Capítulo seis

Sobreviviré

Hace un tiempo el cantautor Rupert Holmes tuvo un éxito con una canción sobre una pareja de casados, que pusieron anuncios personales buscando a alguien que deseara más aventuras que las que les ofrecía su matrimonio. Lo que ellos no sabían, por supuesto, ¡y descubrieron cuando respondieron mutuamente a sus anuncios!, era que ambos deseaban hacer cosas más emocionantes de las que tenían la costumbre de hacer cuando estaban juntos.

Unos años atrás, conocí a un hombre cuya esposa había muerto, después de lo cual lo único que hacía era sentarse a llorar: "Jamás la llevé a los viajes que deseaba hacer. No le dije con frecuencia lo mucho que la amaba. Hay tantas cosas que debí haber hecho con ella y no las hice..." Fue trágico ver sus ojos tan abiertos cuando ya era demasiado tarde.

Muchas personas, por muchas razones, se resisten a la gran aventura que puede ser el amor. Es uno de esos anillos de bronce que están a menudo al frente nuestro, pero que no asimos. Una cosa es cuando no sentimos la energía, cuando sencillamente no es la persona correcta. Pero, a veces *es* la persona correcta, *sentimos* la energía, pero no le damos a la relación el tiempo, el espacio o la atención que se toma cultivar lo que ya es bueno de por sí, y convertirlo en algo grandioso.

Una vez que uno llega a cierta edad, la idea de perder cualquier oportunidad —particularmente la oportunidad del amor— es visto como la blasfemia que es. Desperdiciar la oportunidad del amor verdadero es tan grave como escupirle a Dios. Esta es la razón por la cual el amor quema con tanta intensidad en la mediana edad; uno ya no vive engañado con la ilusión de que las chispas que se producen en ese momento, se producen todos los días.

Un amigo me dijo en una ocasión: "Yo solía temer comprometerme con una mujer por el resto de mi vida... pero 'el resto de mi vida' ¡ya no suena como algo tan largo!"

Muchos de nosotros tenemos heridas que impiden que amemos sin temor. El temor, aunque es raramente justificado, es a menudo comprensible. Liberarse del temor acumulado durante años, con el fin de ser capaz de experimentar el amor que se presenta ahora frente a su puerta, es el reto del llamado romántico de la mediana edad.

Querido Dios:
Desvanece por favor
los muros frente a mi corazón.
Retira mi miedo
y restaura mi alegría,
para que pueda amar de nuevo.
Amén

UNO DE NUESTROS MAYORES MIEDOS, OBVIAMENTE, ES EL MIEDO AL ABANDONO. Claramente, toca una herida primaria cuando alguien cuyo amor ha significado mucho para nosotros, luego cambia de idea.

Metafísicamente, lo que ocurre cuando nos separamos de un ser querido es que experimentamos de nuevo nuestra separación original de Dios, o por lo menos la ilusión de que podemos llegar a *estar* separados. De hecho, dicha separación sería tan desastrosa para todo el universo, que éste no podría seguir existiendo si esto fuera cierto. La verdad es que nuestra unión con Dios, y con todos los seres, es un aspecto fundamental e inalterable de la realidad.

Sin comprenderlo conscientemente, desplazamos nuestras ansias de contacto consciente con Dios hacia nuestra búsqueda de una pareja romántica. La conexión con un amante es embriagadora porque nos recuerda nuestra unión con Dios; la separación es tan devastadora porque nos recuerda cómo se siente estar separados de Él. Así se desarrolla un círculo vicioso: me siento separada de Dios, y más ansias siento por ti. Pero, también, al sentirme separada de Él no me siento íntegra.

Al no sentirme íntegra, me siento fracturada y, por consiguiente, más propensa a *estropear* mi relación contigo.

Así es que el amor puede convertirse en un infierno. Y así es que el amor puede convertirse en un paraíso.

Los dos son dignos de investigación...

ALGUNAS VECES, AQUÉL QUE SE LLEVA TODO NUESTRO DOLOR es quien acumula entonces mucho de ese dolor.

En una ocasión viví uno de los romances más hermosos de mi vida, o por lo menos eso creía. Un día simplemente se acabó. He escuchado historias de personas que de repente se alejan de sus familias y jamás regresan. Pero siempre pensé que seguramente había algo más serio tras esa actitud; con seguridad no era así de simple. Nadie se levanta un día y dice "se acabó," y ya. O por lo menos eso creí hasta que me ocurrió a mí.

Soy ese tipo de personas que necesita hablar... al menos para procesar, entender, perdonar y ser perdonada. Pero para algunas personas eso es una carga demasiado pesada. O quizá se exponen demasiado al hablar. Por la razón que sea, parece mejor para ellos remover quirúrgicamente a la otra persona de sus vidas, quemar el puente entre ellos, lanzar una bomba en un hermoso jardín que hubiera podido convertirse en una amistad para toda la vida.

Este hombre me dio un regalo. Con él, tuve la experiencia de un amor que no tenía conflictos con la misión más grande de mi vida. Por una vez, parecía no haber competencia, no división, entre mi vida romántica y mi carrera. No sentía que estaba descuidando una de

ellas para servir mejor a la otra, y para mí eso era nuevo. Más bien, sentí su amor como una balsa por debajo de mí, en la cual podía descansar serenamente. Antes, con frecuencia, había sentido que los diferentes elementos de mi vida eran como platos chocando entre sí en una lavadora automática demasiado llena. Sin embargo, mientras él estaba ahí, no había ningún choque. Las cosas que por lo general parecían difíciles, ya no lo eran. Respondía ante situaciones que para mí eran extremadamente estresantes con frases como: "Ah, sí, bueno, pero, ¿qué hay para la cena?" y yo me derretía.

Pero luego todo terminó de manera abrupta y cruel. Yo, por supuesto, tenía que tomar una decisión. En palabras de *Un curso de milagros* yo podía ser rehén de mi ego o anfitriona de Dios. Sabía que no era posible darle a los demás su libertad —el tipo de libertad que no sólo los libera a ellos sino también a uno— sin darles una bendición genuina. No sería suficiente decir: "Te libero." Tenía que ser capaz de decir: "Te libero y ruego a Dios que los ángeles te acompañen. Te libero y espero que tus sueños se conviertan en realidad. Te libero y deseo que seas feliz." Me resistí, pues estaba llena de resentimiento. Pero oré.

Poco después, estaba leyendo *Un curso de milagros* y descubrí una verdad que necesitaba escuchar. Recordé que todos somos igual de sagrados ante los ojos de Dios..., que cualquier rencor que sintiera hacia otra persona tenía que ver más con mi propia necesidad de encontrar un culpable, que con cualquier cosa que esa otra persona hubiera hecho..., y que independientemente de los errores cometidos por cualquier persona en el pasado, en el presente podía optar por ver su inocencia. Leer ese tipo de cosas tenía el poder milagroso de alterar mis emociones, de remover las impurezas dolorosas que, después de todo, no estaban arruinando *su* día, ¡sino el mío!

El ego se deleita en todo su dolor, como un perro carroñero que despliega infinitas evidencias de la crueldad, la maldad y la injusticia ajenas. Es muy tentador supervisar los asuntos ajenos, dejando a un lado la ecuación de lo que nosotros debemos aprender de una situación. Uno de los dones más importantes de cualquier relación es el don de la conciencia personal. A final de cuentas, esa es la razón del amor: que un día nos *convirtamos* en amor. Y todo lo que nos ha ocurrido será usado para demostrarnos cómo lo hemos venido haciendo hasta ahora.

Una mañana me desperté pensando en él. Me descubrí orando espontáneamente, ya no pidiendo que Dios me ayudara a superar esta experiencia, sino que Dios lo ayudara a él. En mi intelecto, por supuesto reconozco que la conducta de este hombre al final de nuestra relación no provenía de una persona cruel sino de una persona herida. Pero, la intensidad de mi propio dolor me hacía incapaz de ver más allá de la herida que él me había ocasionado como para sentir verdadera compasión por la suya. Y esa fue mi lección claramente: sentir mayor compasión por las heridas ajenas y así poder sanar las mías. Finalmente, en esa mañana en particular, logré hacerlo. Logré imaginar todo el dolor que él había llegado a sentir, en un nivel muy profundo, como para tirar por la borda de forma tan casual la clase de conexión que habíamos tenido. Pensé en las palabras de Emerson: "Cada vez que conozcas a alguien, recuerda que esa persona está pasando por una gran batalla." Lo pude ver en él. Oré por él y deseé que se sanara.

Luego, pude ver lo que quizá parecía el acuerdo forjado entre nuestras almas. Como muchas mujeres, la ira hacia los hombres —causada por padres y amantes no disponibles— había enfurecido mi corazón, lo cual no me hacía ningún bien. Perdonar a este hombre, orar por él, desearle la felicidad desde mi corazón, transformó algo en mi interior. Él representaba a cada hombre que me había hecho sentir rechazada. Perdonarlo me ayudó a perdonar a todos. Y, luego, en una forma más profunda, me liberé.

La bendición fue sencillamente que había vivido una experiencia, y que una experiencia no puede ser poseída. Está ahí mientras dura y se va cuando se acaba. Uno llega a comprender que todo es suyo y que, no obstante, nada es suyo. Como decía Helena respecto a su amado Demetrius en la obra de Shakespeare *Sueño de una noche de verano:* "Y he encontrado a Demetrius como una joya, / mía y no mía."

Cuando uno es joven, se aferra apasionadamente al amor con la esperanza de que dure para siempre. Cuando uno es viejo, sabe que no tiene que aferrarse porque en verdad *sí* dura para siempre. Las personas llegan y a veces se van. Pero el amor permanece, siempre y cuando siga en nuestro interior.

Las personas dicen con frecuencia: "Me han herido demasiado. ¿Cómo volveré a confiar en alguien?" Pero la fe en el amor no significa fe en la personalidad de alguien; significa fe en la naturaleza inmutable del amor en sí. La fe en el amor no es fe en otra persona sino que, a fin de cuentas, es fe en nosotros mismos. Es fe en nuestra capacidad de discernir y en nuestra capacidad de perdonar. Es fe en nuestra capacidad de amar apasionadamente, pero con la plena convicción de que a quien amo y lo que amo hoy puede irse mañana.

En este sentido, el verdadero amor es siempre un riesgo. Pero el universo no nos concede solamente lo que deseamos. También nos concede las enseñanzas para aprender a amar. Y si bendecimos a los demás cuando están con nosotros, pero les retiramos nuestra bendición cuando se alejan, entonces no hemos recibido la bendición ni nos hemos convertido en ella. Una bendición que no es constante, no es una bendición.

En lo que confiamos es en la voluntad de Dios. Hemos sido atraídas en las vidas de los demás como una tarea divina, el espíritu trabajando a través de la mente subconsciente para atraernos a las personas con quienes tenemos la más grandiosa oportunidad para el crecimiento del alma. Pero esto no significa que las lecciones serán siempre fáciles. De hecho, alguien puede haber llegado a nuestras vidas con el fin de que aprendamos la lección del discernimiento, en otras palabras, para enseñarnos lo que debemos *alejar* de nosotros.

Algunas veces, experimentar lo que definitivamente no desea en su vida le enseña lo que *sí* desea. Algunas veces, la persona que lo destroza es quien lo libera hacia su amor verdadero. Algo que no resultó como lo esperaba, pero quizá ése era el punto. Fue una relación la que lo liberó para ser quien es ahora, colocándolo entonces en un sendero más elevado. El verdadero amor no llega hasta que usted se conoce, y usted no puede llegar a conocerse hasta que ciertos apetitos no hayan estallado y escapado de su vida.

Usted podría sentir un apetito por las personas que no están dispuestas a comprometerse hasta que esté listo para *comprometerse* a la vez. Ahora bien, después de tanto correr, está listo para dejar de hacerlo. Después de haber sido aguijoneado, está listo para dejar de aguijonear. Y ya estará en su camino un verdadero amor: alguien que no aguijonee, ni corra, ni se sienta atraído hacia el dolor. Según las palabras de Rumi, el poeta persa: "De un corazón destrozado que se ha abierto, emana una fuente de poderosa pasión sagrada que jamás se secará."

No se distraiga de su propósito. Perfume su alma. Prepare su casa. Prepare su corazón.

Quizá un amor de este mundo lo haya abandonado, y así ha aprendido por fin a apoyarse solamente en Dios.

Querido Dios:
Te entrego
mis relaciones pasadas.
Enséñame a perdonar Señor,
que no vuelva a sentirme agobiado.
Libero a todos aquellos que me han
herido:
que puedan ahora encontrar su felicidad.
Que sea perdonada
por las heridas que les he infligido.
Que todos encontremos la verdadera paz.
Amén

EL PROBLEMA DE *NO* APOYARNOS TODAVÍA EN DIOS ES QUE TEN-
DEMOS a apoyarnos desmesuradamente en otras personas. Al no acoger el amor que está ahí siempre para
nosotros, nos volvemos vulnerables ante los amores
que no lo están.

Recuerdo un programa de televisión que era muy
popular cuando era una niña pequeña, se llamaba *Papá
lo sabe todo.* Cada vez que la hija adolescente entraba en
una habitación, su padre la abrazaba con una sonrisa
y exclamaba: "¡Hola mi Princesa!" Ante el hecho de
ser profundamente adorada por su padre a esa edad, el
cerebro de una niña queda impreso con una tendencia
emocional hacia los hombres que la traten con ese
amor. La atención de hombres sanos será normal para
ella, crecerá sabiendo lo que se siente y la forma en que
debe responder.

Pero si la atención masculina está ausente, entonces la niña crecerá en muchos casos hasta convertirse
en una mujer que eluda tales comentarios porque son
extraños para ella, o que se va en la dirección opuesta
y prácticamente se convierte ¡en una propuesta matrimonial ambulante! De cualquier manera, hay un vacío
en el lugar en donde debería haber un sentido genuino
de su ser femenino. Y ¡vaya si una persona falsa está
propensa a atraer a otra persona falsa!

Una mujer así sería particularmente vulnerable
hacia los charlatanes emocionales, hacia los "seduc-
tores" que dicen las palabras correctas y conocen lo
suficiente de poesía, pero de quienes escasamente hay
un seguimiento responsable a sus manifestaciones de
amor. Casi siempre, este tipo de hombre también ha

sido herido en su infancia. Algo hizo que fuera necesario para él, cuando era joven, aprender actuación como herramienta para sobrevivir. Por cualquier razón, llegó a sentir a una edad trágicamente temprana, que el engaño en vez de la autenticidad era un modo normal de ser. La conexión consciente con su propia verdad fue superada por una necesidad de encontrar las palabras o las conductas que le ayudarían a sobrevivir un momento traumático. La vida le enseñó a comportarse falsamente, no a presentarse cómo es verdaderamente, en contacto con sus emociones honestas y su profunda verdad, sino más bien a manifestar a una velocidad vertiginosa cualquier conducta que le ofrezca una ventaja a corto plazo.

Alguien que ha aprendido las sutilezas de la manipulación humana a una edad temprana, tiende a volverse muy bueno haciéndolo para cuando llega a la edad adulta. Dicha persona sencillamente carece de integridad, pero no porque sea un ser humano malo, sino porque fue derribado de su centro espiritual cuando era niño y no ha aprendido a reclamarlo. Cuando niño fue una víctima, sin embargo, ahora de adulto, será responsable por su conducta de una u otra forma. Como me dijo un amigo en una ocasión: "El universo mantiene siempre al día sus libros."

¿Cuántas veces hemos excusado la conducta inaceptable de alguien con una frase como: "Pero en su interior, es sólo un niño herido"? Ante lo cual una amiga respondió en una ocasión: "También lo era Hitler." El hecho de que yo sienta compasión por ti no significa que no deba borrarte de mi agenda electrónica.

Las personas que han sido lastimadas lastiman a otras personas. También se sienten atraídas hacia otras personas lastimadas. Por lo tanto, todos debemos tener cuidado.

Personas tales como el hombre y la mujer descritos anteriormente se sentirán atraídos mutuamente, pues sus neurosis encajan a la perfección. Él es un actor extraordinario, y ella se siente fácilmente atraída por su magnífica actuación. La intención de sus egos es activar las heridas mutuas, pero la intención de Dios es que ellos *sanen* mutuamente sus heridas. Es su decisión cuál opción escoger. Cualquiera que esté dispuesto a trabajar en una relación, viéndola como su propia oportunidad de sanación personal, será bendecido ya sea que la otra persona opte o no por lo mismo. A fin de cuentas, todos llegaremos ahí, las lecciones que no hemos aprendido seguirán llegando hasta que lo hagamos.

La sanación puede ser dolorosa, ya sea la sanación de tener que enfrentar la vergüenza de nuestra propia humillación, o el dolor de tener que darle la espalda a alguien cuyos patrones son perjudiciales para nosotros a pesar de que sigamos amándolo. De todas maneras, el dolor de la sanación es preferible al dolor de permanecer bajo el efecto de un patrón neurótico.

La mujer descubrirá, si eso es lo que desea, que mientras su papá terrenal no estuvo siempre ahí para ella, su Padre Celestial está siempre ahí para ella; jamás cesa de adorarla, y la ha creado como un ser completo, lo cual ella será siempre. El hombre descubrirá, si continua en su sendero espiritual, que los patrones de engaño que aprendió a una edad muy temprana, y los

cuales se han convertido en fuerzas sobre las cuales parece no tener control, pueden y serán sanados si los reconoce y pide al cielo que sean disueltos.

¿Lograrán este hombre y esta mujer dejar atrás sus heridas? ¿Llegará ella a madurar lo suficiente en su verdadero ser como para perder la atracción hacia el romanticismo falso, prefiriendo un amor auténtico antes que la versión sustituta? ¿Se llegará él a sentir lo suficientemente mal respecto al daño causado a los demás como para pedirle ayuda a Dios para cambiar su conducta? Cada uno de ellos debe escoger. Aquél que aprende y crece, madura y se desarrolla con la edad. Aquél que no lo hace, sólo envejece...

> *Querido Dios:*
> *Por favor, sana las heridas de mis*
> *romances,*
> *que pueda dar y recibir verdadero amor.*
> *Enséñame cómo dejar entrar el amor,*
> *y cómo hacer que permanezca.*
> *Amén*

LA ACTRIZ ELLEN BURSTYN, EN SUS MARAVILLOSAS MEMORIAS tituladas *Lessons in Becoming Myself* describe cómo, después de una larga serie de esposos y amantes que duró décadas, se descubrió tomando un descanso de veinticinco años (sí, veinticinco *años*) antes de encontrar por fin el romance sano e íntegro que siempre había deseado. Ni siquiera llegó a salir con nadie durante su pausa romántica, tan segura estaba de que cualquier relación que se presentara terminaría siendo otro reflejo de los mismos patrones dolorosos que ella había jugado en sus relaciones hasta entonces.

Yo llamo a esto un "ayuno de sexo y amor." Claro que pocas personas lo llaman así cuando están pasando por eso. Mientras lo experimentamos, sentimos que es como un "periodo de sequía" o incluso el "final de toda esa historia"; podemos pensar que está ocurriendo porque ahora estamos viejos, y que ya no atraemos amantes con facilidad. Pero la verdad es que a menudo declaramos un alto al romance en un nivel subconsciente, sin importar lo mucho que proteste la mente consciente que nos dice que "nos encantaría conocer a alguien."

¿Por qué? Como me dijo una vez una amiga que está en su mediana edad cuando le pregunté si estaba saliendo con alguien: "No. No soporto en lo que me convierto cuando tengo una relación. Prefiero no tener ninguna." Una vez que usted nota que en cada relación se encuentra con el mismo demonio: el suyo *propio*, comprende que hasta que no lidie con ese demonio, jamás encontrará el verdadero amor. Pues el demonio lo bloquea. Este demonio toma distintas formas en su arsenal de autosabotaje: inseguridad, ausencia de límites, celos, falta de honestidad, ira, control, dependencia o cualquier otra forma de falsedad personal que lo lleva una y otra vez a atraer a los malos o a alejar a los buenos. Es ingenuo subestimar el poder de ese demonio.

Después que uno de sus romances terminó amargamente, una amiga me dijo: "Otro así me mataría." Entendí lo que quería decir, y la mayoría de la gente

también puede hacerlo. Llega un momento en que uno siente que el clímax del romance no merece el dolor de su muerte: cuando el riesgo de un desastre romántico supera la emoción de vivirlo. Y ese momento ocurre... lo acaba de adivinar... con mucha frecuencia alrededor de la mediana edad.

¿Por qué? Primero, porque a menudo se toma todo ese tiempo llegar a experimentar suficientes desgracias como para que haga todo lo posible para evitar una más. Además, usted ha llegado a un punto en que no tiene que superar la furia de sus hormonas. Su cuerpo ya no se siente tan mal cuando lo escucha decir que piensa tomar un descanso; más bien, le da la bienvenida a la oportunidad de un tiempo de inactividad.

El anhelo de amor sigue, pero se ha transformado en algo menos personal. No menos personal en el sentido que no le guste una conversación íntima o tener un cuerpo cálido a su lado, sino que es solamente menos personal en el sentido de que la vida lo ha forzado a ver más allá de la ilusión de que cualquier ser humano puede borrar todo su dolor. Usted comprende que la mitología romántica con la que todos hemos crecido es como un archivo de computadora que ha sido corrompido. Hasta que ese archivo no haya sido removido y reemplazado por otro, no importa lo que hagamos, nuestro resultado final estará contaminado.

Esto no quiere decir que usted no desee ardientemente el amor, este deseo de por sí jamás cesa. De hecho, justo en el momento en que siente que ya es suficiente, el puro acto de que ya *sienta* que es suficiente, origina un cambio radical en su conciencia, el cual lo libera. Como dicen en Alcohólicos Anónimos: cada problema trae su propia solución. Es a menudo cuando el amor nos ha herido más, que llegamos a entender cómo y por qué programamos todo ese dolor.

Entonces, usted decide ayunar. De repente, su teléfono deja de sonar. Al igual que Ellen Burstyn, se siente forzado a purificar su paladar.

Burstyn llegó a comprender que sus patrones de relaciones negativas eran el reflejo de las heridas de su infancia, las cuales tendría que recrear hasta sanarlas. Así tenemos que hacerlo todos. Hasta que ese trabajo no haya sido realizado en algún nivel, no podremos escaparnos de la rueda del sufrimiento. Nuestras mentes subconscientes no se equivocan cuando nos separan por un tiempo del amor y del sexo. Pues el trabajo está siendo realizado y absorbido profundamente en nuestro sistema. El ayuno no es algo que hacemos para aislarnos; es algo que hacemos para sobrevivir.

Primero fue la infancia, y las heridas que en ella ocurrieron. Luego fue la adolescencia, y todos los desastres que en ella ocurrieron debido a sus heridas de la infancia. Y luego está la mediana edad, cuando por fin nos llega la hora de lidiar con lo ocurrido en la infancia *y* en la adolescencia. La mediana edad es la época de sanarnos, para que nuestros corazones puedan finalmente liberarse del pasado y hacia la realización de lo que el amor puede ser ahora mismo.

Cuando uno ve un grupo de individuos en la mediana edad en seminarios de crecimiento personal, no es porque han terminado con los asuntos del amor y esto sea ahora su único entretenimiento. Con frecuen-

cia, ellos tienen recuerdos que podrían dejar perplejos a las personas más jóvenes a su alrededor. Cada vez que uno ve a una persona mayor, podría restar cuarenta años, y eso nos dirá la edad que esa persona tenía en la década de los sesenta. Pero la nueva mediana edad no es la época de explayarnos en nuestros recuerdos del amor y en los demonios que en él encontramos; es la época de desarrollar la habilidad de enviar esos demonios de regreso al infierno.

A veces usted se pregunta si perdió su oportunidad. Ellen Burstyn escribe que recuerda el sentimiento de que *Ahora que sé que estoy lista finalmente para amar adecuadamente, me temo que sea demasiado tarde.* Con este sentimiento, ella hace eco a los recuerdos de muchos de nosotros. Sin embargo, este es un esfuerzo típico, de último recurso del demonio para desalentarnos, un dolor común que a menudo surge en nuestras mentes en ese último minuto antes del milagro.

Una vez que su mente y su corazón están realineados, cuando el ser destrozado en el cual usted se convirtió en su infancia ya cesa de manifestar relaciones destrozadas, entonces usted está listo para amar de nuevo. La compasión, la integridad, la sinceridad, la generosidad y la gracia se convierten en elementos claves en su nueva habilidad romántica. Usted llega a comprender los errores que cometió en el pasado y a perdonarse, a comprender las acciones ajenas, y cuando es necesario, también a perdonarlas, Finalmente, se siente humilde en su pureza y en su gracia.

En el epílogo de su libro, Burstyn describe cómo finalmente conoció al hombre de sus sueños, y yo terminé la última página pensando *¡Ahora quiero saber lo que sigue!* Había leído cientos de páginas acerca de los horrores de su pasado; ahora deseaba saber cómo lucían las cosas cuando finalmente lo había logrado y cómo se sentía ella.

Al igual que ciertos alimentos necesitan ser marinados, nuestras habilidades románticas necesitan años para integrarse en toda su riqueza. Le pregunté a Burstyn cómo eran las cosas ahora para ella, sentir finalmente que amaba y era amada. "¿Cuál es la diferencia?" le pregunté.

"Para empezar," dijo, "hay mucho más respeto y menos juicio. Las conversaciones no se convierten en discusiones, y las discusiones no llegan a la violencia." Hizo una pausa y dijo: "Y ahora sé cómo dejarlo que sea él."

En nuestra juventud, teníamos amor a menudo pero no sabíamos qué hacer con él. Luego, a veces, después de lo que podría ser un periodo muy largo en la jungla romántica, encontramos de nuevo el amor, o el amor nos encuentra. Y esta vez, *sí* sabemos qué hacer. Esa jungla, ese ayuno, no era el final de nada. Era nuestra salvación romántica.

> *Querido Dios:*
> *Por favor, revélame*
> *la gloria de la hombría,*
> *la belleza de lo masculino*
> *y la grandeza de los hombres.*
> *Amén*

Siempre detesto que me pidan que llene un formulario oficial de cualquier tipo que incluya las opciones "soltero," "casado" o "divorciado." Siempre dejo esa sección en blanco, es mi manera de decir "Eso no es de su condenada incumbencia."

Creo que me siento así porque me parece demasiado personal. Siento que me roban la identidad emocional cuando le doy a alguien permiso de hacer suposiciones respecto a mí según dicho tipo de categorías externas. (Cálmate, Marianne. Es sólo un formulario *dental*.)

Lo que no quiere decir, por supuesto, que no importa si estoy casada o soltera. Quiere solamente decir que los asuntos más profundos del amor no tienen nada que ver con la forma sino con el contenido. El problema que veo que bloquea con mayor frecuencia el impulso romántico es un sentido reprimido del ser: muchos hombres realmente no están seguros de cómo ser un hombre, y muchas mujeres no están verdaderamente seguras de cómo ser una mujer. Nuestro descarrío generacional hacia el terreno baldío de la ambisexualidad, fue parte de lo que nos impidió el crecimiento emocional a muchos de nosotros durante años. Cuando una mujer piensa que puede superar su "lado masculino" y aún así un hombre podrá quererla, o un hombre piensa que puede superar su "lado femenino" y aún así una mujer podrá quererlo, entonces toda clase de confusión conlleva a toda clase de dolor. Esa tendencia ilusoria ha comenzado a corregirse automáticamente, pero la herida generacional todavía no está totalmente sanada. Es una de las muchas áreas en donde nuestros padres a veces estaban en lo correcto, quizás por las razones equivocadas, pero en formas que no comprendíamos, tenían la razón.

Mi madre era el tipo de mujer que se expresaba con total franqueza. Si tenía una opinión, uno se enteraba. Si no le gustaba algo, lo decía. No parecía que mi padre pensara que tenía el derecho de impedir que ella se expresara. Nunca pareció que mi padre tratara de hacerlo. *Sin embargo...* había un límite que él a veces ponía, no a que ella se expresara sino a la molestia que podría causarle.

Mi padre nunca llamaba a mi madre por su nombre, jamás. Ella siempre era "cariño." Pero muy de vez en cuando, con muy poca frecuencia, en esas raras ocasiones en que ella estaba haciendo algo que estaba elevando una tensión con la cual él no se sentía bien, mi padre sencillamente se quedaba mirándola y le decía "Sophie Ann." Y mi madre dejaba de hacer lo que estaba haciendo. Eso era todo. Se quedaba callada. Me tomó muchos años y lágrimas comprender lo afortunada que fue mi madre.

Para que una mujer se sienta libre para ser fuerte y audaz y desaforadamente creativa, no puede darse el lujo de estar con una pareja que la sofoque de ninguna manera, que la invalide, que la castigue por ser quien es. Habiendo dicho esto, una mujer es bendecida por la presencia de alguien que puede preguntar, de forma que no le niegue el afecto ni reduzca su confianza "¿Estás segura de que quieres llevar las cosas a ese extremo?"

Para muchas mujeres, nuestro anhelo más profundo es tener un lugar para relajarnos. Somos como el agua en una piscina. Por supuesto que apreciamos el

concreto; lo único que tenemos que hacer es ser el agua. El estado del ser de una mujer, no el estado de hacer, es lo que magnetiza el amor. Y nada es más poderoso que el estado del ser que la aceptación profunda de lo que *es*. Demasiado a menudo nos preguntamos respecto a una situación "¿cómo puedo cambiar esto?" cuando deberíamos estar preguntando "¿cómo puedo lidiar con estas circunstancias de la forma más elevada posible?"

Si usted es soltera y desea una pareja, solamente la atraerá cuando haya aprendido perfectamente las lecciones de la soltería. No pregunte cómo "conseguir" un hombre. Pregunté cómo puede ser la mujer más interesante del mundo, y cuando esto ocurra, disfrutará tanto la experiencia que ya no le importará si los hombres la advierten o no. Lo cual significa, obviamente, que ellos lo harán.

He realizado muchas investigaciones y ahora puedo presentarles esta información.

Una de las preguntas más insidiosas que nos sabotean es: "¿por qué no puedo encontrar al hombre [o a la mujer] correcto?" Esto implica que existe alguien por ahí, quizá en Mongolia o en algún otro lugar, y que si usted sólo supiera en dónde se encuentra esa persona, entonces se subiría corriendo al siguiente avión.

Pero puesto que metafísicamente no hay nada fuera de nosotros, todo lo que experimentamos es un reflejo de lo que está ocurriendo en nuestra mente, no tiene sentido que volemos a Mongolia si no estamos todavía totalmente listos para nuestra pareja. Y una vez que *estamos* listos, no tenemos que ir a ninguna parte porque la persona sencillamente aparecerá.

Cada vez que en mis seminarios aparece alguien (y ocurre con frecuencia) que dice que tiene el corazón destrozado y que todavía no ha podido encontrar una pareja, por lo general me doy cuenta que estoy diciendo: "Dígame la verdad, sé que usted la sabe. ¿Qué es lo que está haciendo para alejar el amor?"

A menudo la audiencia se queda boquiabierta, como si yo hubiera dicho algo polémico. Y quizá lo he hecho: le he pedido a una persona que se enfrente con él o con ella mismo(a). He sugerido que asuma la responsabilidad por su propia experiencia. Y con mucha frecuencia, después de una pausa, me encuentro con una respuesta honesta e iluminadora:

"Actúo como alguien necesitado."

"Atraigo a los hombres, pero luego actúo como un hombre yo misma, y entonces se van. No soy muy femenina."

"Me pongo celosa."

"Me enojo."

"Quiero controlar todo."

"Estoy desesperada por tener hijos y los hombres se dan cuenta."

A lo cual respondo con frecuencia algo como: "¡Ah! Pues que bueno que su verdadero amor no haya aparecido, ¿no es verdad? Usted puede lidiar con esto ahora, ¡no arruine otra buena oportunidad!"

En otras palabras, no solamente es evidente por qué estos hombres y mujeres están solteros; ¡que *bueno* que lo están! Este es el momento de prepararse, de hacer todo el trabajo interno y externo, que tiene que ocurrir cuando uno se prepara como el regalo que en verdad es,

no como un juego variado de emociones fragmentadas, neurosis sin sanar y sueños rotos de un pasado que no ha sido perdonado.

El trabajo más importante está siempre relacionado con la naturaleza de nuestros pensamientos. Cada vez que creemos que nos hace falta algo, creamos más carencia. ¿Por qué? Porque la carencia es nuestra creencia fundamental. *Creer* en su carencia, le *atrae* más carencia. *Me falta amor en mi vida* no es un pensamiento que invita una pareja. *Soy sensacional* lo hará llegar más lejos.

Algo que no debemos hacer jamás es creer en estadísticas. Hace años, en una revista importante de noticias, se especulaba que las mujeres de cierta edad tenían más probabilidades de ser asesinadas por un terrorista que de encontrar el amor a la mediana edad. Pues, ¿saben qué? ¡Esa revista terminó retractándose! ¡*Sí* tenemos una oportunidad! *¡Oh, gracias!* Aprendimos algo importante de ese pequeño giro en la historia de la revista: tenemos que cuidarnos de lo que leemos. Tenga cuidado de toda la basura que deja entrar en su conciencia. Y no espere que las voces del mundo sepan ni una condenada cosa de lo que está pasando en su universo.

Una amiga mía me dijo en una ocasión: "Odio estar soltera porque cuando llego sola a una fiesta, siento que todo el mundo piensa que soy patética y me tienen lástima." Le dije que eso era solamente lo que ella pensaba y nada más. "Pues como ellos no lo saben," le dije, "pueden asumir que tienes una cita con George Clooney después de la fiesta." De todas maneras, la edad mediana es el periodo ideal para dejar de prestarle atención a las opiniones ajenas. Dejemos que piensen lo que quieran pensar. Son *sus* pensamientos los que crean su experiencia.

El amor es atraído por el experto en el amor. El amor no pregunta: "¿Qué edad tienes?" Ni "¿Cuánto tiempo te tomó aprender todo esto?" Solamente pregunta si usted está listo. Y cuando lo está, llega.

Puede tomarse muchos años antes de que usted llegue frente a la puerta del amor con poco o nada de equipaje. Puede sufrir mucho durante los cambios, de la dependencia a la confianza en sí mismo, de la necesidad de controlar a la entrega, de la ansiedad a la alegría, de la exigencia al aprecio, de reaccionar por todo a no reaccionar, de criticar a apoyar, de culpar a perdonar... y eso sin mencionar el cambio de franelas de algodón a sedas y encajes. Pero una vez que llega, *llega*.

Alguien me dijo en una ocasión: "Eres todo lo que siempre deseé." Miré hacia un lado y murmuré: "Cariño... ¡si sólo supieras...!"

UNA VEZ QUE HA AMADO, HA TENIDO LA OPORTUNIDAD de haberse encontrado con los demonios que lo rodean: un temor ajeno, mentiras ajenas, traiciones ajenas. Pero tiene dos opciones después de encontrarse con ellos. Puede avanzar con timidez y miedo, con una energía que expresa: "Tengo miedo de los demonios. Vengo con *mucho* equipaje." O puede avanzar con la fabulosa energía que solamente puede ofrecer la experiencia del amor en todas sus vicisitudes, una energía que expresa: "He visto los demonios, pero les clavé la mirada hasta alejarlos."

Ningún gran hombre se emociona al conocer una mujer amargada la noche anterior. Pero podría emocionarse si conoce una mujer cuyos ojos y sonrisa reflejan certeza, la certeza de que ella sabe cómo son los hombres, pero que *aún así* cree que son lo mejor que hay sobre la tierra.

Uno ve a los hombres de forma distinta a la mediana edad que cuando estaba más joven. Parecían más poderosos en los años en que usted se sentía débil. Pero una vez que ha descubierto su propia fortaleza, y por lo tanto se ha llegado a ver con mayor claridad, ve a los hombres también desde una perspectiva totalmente nueva. Observa a los hombres, su fortaleza, su esplendor, sus heridas, sus necesidades, sus almas, sus cuerpos, ahora todo tiene sentido para usted. No obstante, no siente apego hacia ellos. En el reluciente lugar de la comprensión pura, sabe que un hombre no puede completarla ni hacerle daño. Cuando la necesidad ha sido extinguida en su interior, la pasión comienza a arder al máximo.

Entre otras cosas, la experiencia nos enseña a tomar mejores decisiones. Si se le presentan oportunidades inadecuadas, usted sabrá desecharlas. Se ha merecido su sabiduría que hace que sea más probable que le diga "no" a las ofertas poco fiables, y que diga de todo corazón "sí" a las buenas. Ningún libro ni escuela puede enseñarle esto.

A veces es el dolor del amor el que nos transforma en alguien que tiene el valor de aceptarlo. Usted termina por agradecerle a Dios por las lecciones aprendidas, sin importar cómo le llegaron o lo que sintió en ese momento. Entonces, *qué* importa que ya no sea joven, ahora tiene muchos más talentos, y mucho menos miedo. Ahora está listo para amar. Que venga el amor.

Capítulo siete

A la medianoche

Recuerdo el momento en que el doctor me lo dijo. Estaba de pie en mi cocina, sin haber tomado tiempo de prepararme emocionalmente para esa llamada. Hacía años que sangraba ligeramente en mis menstruaciones, y comprendía que las probabilidades de que el final pudiera haber llegado eran elevadas, aunque todavía estaba bastante joven.

Y así fue. El doctor había recibido los resultados de mis análisis. Me lo dijo a secas: "Se acabó para ti."

Todo daba vueltas a mi alrededor; me sentí demasiado débil como para quedarme de pie. Me senté lentamente y las lágrimas comenzaron a caer. Después de tantos años evitando quedar embarazada, de repente uno descubre que ya no puede tener hijos aunque quisiera. En ese momento, uno se arrepiente de cualquier condenado método anticonceptivo que haya usado en toda su vida.

Recuerdo un aviso popular hace unos años, una caricatura de una mujer exclamando: "¡Dios mío, me olvidé de tener hijos!" Muchas de nosotras nos tomamos tanto tiempo en madurar que hasta cuando nos aproximamos a la mediana edad nos dimos cuenta que ¡queríamos tener hijos!

Un día estaba en un almuerzo sentada al lado de un hombre que tenía aproximadamente mi misma edad, el cual estaba encantado contando historias sobre sus hijastras adolescentes. Comentaba que nunca había tenido hijos propios y ahora se sentía bendecido de ser padrastro.

Al percibir su alegría y su fascinación absoluta respecto a lo que las niñas habían aportado a su vida, lo miré por un momento y le dije sencillamente: "¡Éramos tan estúpidos!" Me miró, comprendiendo claramente lo que quería decir y asintió calladamente.

Eso lo dice todo: *¡Éramos tan estúpidos!*

Alguien me preguntó en una ocasión que qué era lo más grande que yo esperaba que mi hija lograra a lo cual respondí: "Primero que todo, quiero que tenga una familia grande y feliz." Creyeron que estaba bromeando, pero no era así.

No importa si usted desea tener hijos o no. No obstante, desde una perspectiva psicológica, lo que importa es cuando llegue el día en que usted no pueda tenerlos aunque quisiera. En el caso de los hombres, obviamente, las cosas son distintas pues ellos pueden, siempre que lo deseen. ¡La naturaleza *sabe* cuánto tiempo *les* toma madurar! (Estoy bromeando.) Pero, para la otra mitad de la raza humana, algo milagroso ocurre en su cuerpo cada mes y luego todo termina. Sencillamente termina.

He observado con asombro cómo el proceso en que la batuta de la voluptuosidad ha quedado en manos de mi hija de diecisiete años. Por supuesto, no quiero imitar la atracción de una chica de su edad, pero sí deseo mantener la mía lo mejor que pueda. Existe una cierta calidad psicoerótica —siempre la he sentido en Francia— un sentimiento de que cualquier noche puede ser mágica, y uno desea estar listo por si se trata de esa noche.

Recuerdo las hormonas de la juventud. Recuerdo cuando cada célula de mi cuerpo gritaba: "¡Consíguete un hombre!¡*Cualquier* hombre!" Después, estaba más inclinada a decir: "Lo que sea. No me importa." Mi cuerpo no es un esclavo de sí mismo de la forma que solía serlo, pero mi alma ha llevado las cosas a un lugar totalmente nuevo.

Es natural que existan años en que la idea del sexo sea la preocupación más normal de muchas personas; las especies no pueden propagarse a menos que los jóvenes lleven a cabo este proceso. Pero algunas veces, cuando las ansias de sexo se vuelven menos urgentes es que las ansias de amor se vuelven más puras: las ansias de conexión por sí mismas no tienen edad, lo que cambia es nuestra idea de lo que *significa* la conexión. Algunas personas saben mucho sobre sexo pero poco sobre amor.

En el dominio del cuerpo, algo comienza a sosegarse con el paso del tiempo. Pero en el dominio del espíritu, las cosas apenas comienzan a arder. Las mujeres maduras son solicitadas no solamente por sus cuerpos sino por sus *conocimientos*. Un hombre reconoce, aunque sea inconscientemente, que el amor de una mujer es una iniciación en su propia hombría. En el nivel físico, esa iniciación puede significar algo tan crudo como un paseo erótico en el asiento trasero de un auto. Pero, en un nivel espiritual, es el resultado de una conexión interna que el sexo de por sí no puede garantizar. Por esta razón, un hombre necesita más que a una mujer, necesita a una sacerdotisa.

Cada mujer posee su sacerdotisa interior, pero ésta por lo general se toma unas cuantas décadas antes de surgir. Una sacerdotisa es impetuosa, particularmente en la cama. Una vez que aparece, busca hombres y no niños.

No es suficiente, en cierto punto, que un hombre sepa solamente cómo tratar el cuerpo de una mujer. También debe saber cómo tratar el *ser* de una mujer, y con frecuencia es una sacerdotisa quien le enseña. Uno de los dones más maravillosos que una mujer madura puede brindarle a un hombre es lo que hace que mientras sus amigas más jóvenes se desmayen gritando: "¡Dámelo! ¡Haré lo que sea!" la mujer madura diga: "Y, bien, ¿qué más tienes para ofrecer?" Para ella, en el sentido literal de la palabra, él tendrá que trabajar mucho más *duro*.

Si lo que le interesa es tener bebés, obviamente la mujer joven tiene todo lo necesario. Con

una mujer joven, un hombre puede concebir un hijo. Pero con una sacerdotisa, es más probable que conciba al hombre que desea ser. Físicamente, un hombre riega su semilla; espiritualmente, una mujer riega la suya. A fin de cuentas, nos impregnamos mutuamente y renacemos. Cuando un hombre ha pasado un momento mágico con una mujer lo suficientemente madura y sabia como para asumir su reinado de sacerdotisa, será probable que la llame más tarde y le diga: "Cariño, creo que estoy embarazado." La nueva prole de la nueva mamá atractiva, haciendo que surja una nueva raza de hombres.

UN DÍA MI HIJA LLEGÓ A CASA Y ME DIJO QUE TENÍA QUE escuchar una canción maravillosa que acababa de salir al aire. Era la versión de Bob Dylan de "Lay, Lady, Lay." (*Acuéstate, dama, acuéstate*). Le expliqué que en mis días, escuchábamos la versión *original* de "Lay, Lady, Lay." En mi caso, y estoy segura que en el caso de miles otras personas, hicimos mucho más que simplemente oír la canción. Me he preguntado a menudo en los últimos años: "¿Qué sería lo que mi madre creía que *hacíamos* aquellas tardes?"

En una ocasión leí que sin importar nuestra edad, la música con la que más nos relacionamos es la de nuestra juventud. En mi caso, esto es definitivamente cierto. Y las canciones que recuerdo más son las canciones con las cuales me enamoré. Desde Joan Armatrading hasta Jefferson Airplane y Van Morrison, hay frases de canciones que me recuerdan cosas, cosas hermosas, los momentos más dulces de mi vida.

Y, ¿por qué fueron tan dulces? Porque, al igual que cuando nació mi hija, estas canciones me llevaron a un lugar en donde no había separación entre mi ser y alguien más. Y eso era real. Los amoríos que tuvimos en nuestra juventud no fueron irreales, tanto como las estructuras de la personalidad que llegamos a desarrollar más adelante no eran contenedores de esa realidad. Un poco de lo que llamamos "madurez" en nuestra sociedad es espiritualmente retrógrado.

He oficiado decenas de matrimonios, quizá incluso más que decenas. Creo en la institución del matrimonio. Pero, demasiado a menudo es devastadoramente obvio que un vórtice que puede ser el más grandioso liberador se convierta, en razón del ego, en la prisión más desoladora, no solamente para el cuerpo sino también para el alma. Las palabras *marido* y *mujer* no deberían ser sinónimos de *compañeros de habitación*. El amor no debería ser mundano; no debería ser banal. Cuando se convierte en eso, pierde su magia. Aunque el bienestar de compartir una taza de café, tener con quien hacer las cuentas de la casa, conversar sobre los hijos, y admitir nuestros miedos a alguien que se ha convertido en nuestro mejor amigo, es parte de lo que hace que sea maravilloso un nido a largo plazo, corremos el riesgo emocional de permitirnos que las consideraciones del mundo le coloquen un velo al rostro del amor.

En una ocasión me senté al lado de un hombre en un avión, quien me dijo lo emocionados que estaban su esposa y él por un nuevo negocio que pensaban iniciar. Por primera vez en su matrimonio iban a trabajar juntos. Habían remodelado una cochera en la parte posterior de su casa y la habían convertido en una oficina. Todo esto les parecía como un maravilloso paso a seguir tanto en sus profesiones como en su relación.

Mientras me contaba sus planes, creo que vio cuando me atraganté con el vino tinto que estaba tomando.

—¿Qué pasa? —preguntó.

—Nada, —respondí, consciente de que ni siquiera conocía a este hombre y no era asunto mío ofrecerle consejos que no me había solicitado. Pero él insistió. Preguntó. Cuando alguien me hace preguntas, expreso mi opinión.

—Bien, lo que he aprendido, —le dije—, es que cuando una mujer está trabajando, está en modo masculino. Pero ese mismo modo que funciona tan bien en el trabajo debe pasar por una transición al modo femenino, si ella desea tener tanto éxito en el amor como en el trabajo—. También he realizado investigaciones al respecto.

—Continúe... —dijo él.

—Entonces, es probable que ahora le parezca maravilloso que usted y su esposa logren caminar los pocos pasos entre su oficina y su cocina y mantengan la misma conversación mientras preparan la cena que cuando estaban en la oficina.

—¿Es eso malo? —preguntó.

—No, no es malo, —dije—, excepto posiblemente para su matrimonio. Ustedes han decidido llevar a cabo la estructura psíquica de una sociedad empresarial y literalmente le han entregado el mando de su casa. Y con el tiempo, eso incluirá su dormitorio.

—¡Caramba! —dijo él. Los hombres se tornan muy atentos cuando el tema gira hacia el sexo —. Entonces, ¿yo no debería trabajar con mi esposa?

—¡Yo no dije eso! —respondí—. Pero lo que sí sé es esto: si esta idea le parece sensata, si siente que usted y su esposa desean proteger la calidad erótica de su matrimonio de la intrusión de una mentalidad empresarial, entonces le sugiero que se tomen media hora separados mutuamente entre las horas del negocio y las horas de la noche. Ella necesita por lo menos ese tiempo para cambiar físicamente de un modo a otro. Meditar, caminar, escuchar música suave, prender una vela, tomar un baño de burbujas, lo que sea que su alma ansíe como un bálsamo para su sistema nervioso, serán momentos que ella debe construir como un ritual en su estilo de vida, o usted comenzará a encontrar a una mujer de negocios en su cama, en donde solía estar un diosa erótica.

Unas semanas más tarde recibí una nota de agradecimiento de él.* Y enseguida, ¡otra de su esposa!...

El amor romántico es una fuerza de la naturaleza. Como una diosa antigua, le encanta recibir regalos. Debe ser honrado, respetado, protegido y apreciado. De lo contrario, sencillamente se aleja.

---

*Le hablé sobre un libro llamado *Consejos de una vieja amante a una joven esposa,* y compartí con él lo mucho que había aprendido con la psicóloga Pat Allen al Sur de California.

Querido Dios:
Por favor, hazme
maestro del amor.
Revélame sus misterios
y dame su magia.
Y que jamás use su poder
para cualquier propósito
distinto al que Tú hayas propuesto.
Amén

UNA AMIGA ME DIJO QUE SU HIJA se casaba a los cuarenta años de edad.

—¡Fantástico! —dije—. ¿Está locamente enamorada?

—Pues, no sé si *eso* puede ocurrir a los cuarenta, —respondió.

Pensé: *¿Por qué no?* La verdadera pasión no emerge del cuerpo sino de la conciencia. ¿Debería la edad del cuerpo determinar el ardor del alma? El amor por sí mismo no disminuye al envejecer; lo que disminuye demasiado a menudo es nuestra disposición de ponernos de pie y encontrarnos con él. Cuando somos jóvenes amamos intrépida y apasionadamente, hasta que aprendemos lo que debemos temer. Y, luego, comenzamos a acumular capa tras capa de heridas no procesadas en más y más relaciones, hasta el punto en que nuestra amargura y nuestro miedo no han hecho más que obstruir la capacidad de nuestra gloria total.

La edad de nuestras células no tiene absolutamente nada que ver con nuestra habilidad de magnetizar o aferrarnos al amor. La mediana edad no es el momento de decir: "¡Qué bien!, ahora me conformo con algo cómodo", y sencillamente concluir que los años de pasión han quedado tras nosotros. Esa pasión no es en función de nuestra edad. Puede ser que se mueva de chacra en chacra, pero la pasión siempre será pasión.

El amor no pierde su intensidad ni se vuelve aburrido cuando uno envejece, a menos que eso le ocurra a *usted*. Si hay algo que pasa cuando usted envejece es que lo convierte en un ser más capaz de apreciar cosas en los demás que antes, porque estaba demasiado ocupado observándose a sí mismo. Hasta que usted no resida en la totalidad de su ser, seguirá buscando su realización en los demás. Y esto jamás ocurrirá, por supuesto. El romance no existe para realizar su universo sino para expandirlo. No obstante, es bastante difícil apreciar este concepto hasta que le atraiga la noción de un universo expandido. John Mayer canta un tema llamado: "Your Body Is a Wonderland" (Tu cuerpo es un mundo maravilloso). Lo verdaderamente interesante es cuando puede añadir: "Y también lo es su mente, su corazón y su alma."

Usted no puede ver el verdadero mundo maravilloso en otra persona hasta que no haya explorado el suyo en su interior. Esto comienza a ocurrir a cierta edad, ya sea que lo desee o no. Y esto lo transforma. La experiencia del mundo acumulada le rompe su corazón pero también lo abre. Recuerdo una noche oscura en que estaba recostada después de un tiroteo en una escuela, cuando sentía que mi pesar por las familias de las víctimas era mayor de lo que podía soportar. Regresé a mi amor, y por sólo un instante, comprendí el alcance exquisito de la profunda yuxtaposición de dolor y placer que yace en el corazón de la experiencia humana. Al comprender el sufrimiento, pude amar de una manera distinta. La edad nos desgasta, pero cuando lo hace, también nos sensibiliza. Supe en ese momento que no había nada seguro. No existe cierta fortaleza contra el sufrimiento humano. Ni esta relación, ni ninguna otra circunstancia, puede llegar a protegerme ante cualquier angustia potencial; cualquier valle de dolor que esté en mi destino ocurrirá de todas maneras. Pero, lo que sí existe, cuando estamos abiertos a la experiencia, es la gloriosa hermosura de apreciar el ahora. Cuando ya no damos por descontadas las bondades de la vida, nos queda la humildad y la gratitud que compensan de más lo que ya no queda de nuestra inocencia. La inocencia se va, pero el amor permanece. No queda nada más que hacer que recibir su verdad. Abrí mis brazos y libé de la copa del amor.

MÁS ALLÁ DE LAS CONVENIENCIAS OBVIAS, NO CREO QUE LA EDAD DE SU AMANTE tenga más importancia que la edad de su doctor, su maestro o su vendedor de seguros. Lo que importa es el crecimiento del alma que acerca dos corazones. Toda relación tiene una curva natural; un momento perfecto para las lecciones que la relación está aquí para enseñarnos. Algunas son largas y algunas son cortas. El amor jamás se inclina ante el tiempo porque el amor es real y el tiempo no lo es. Un momento de verdadero amor es más importante para algunos de nosotros que décadas de compartir tareas domésticas.

El amor es una aventura del alma, ya sea como

un corto pero intenso amorío o como un matrimonio que dura hasta que la muerte los separe. En palabras de Ram Dass, somos atraídos a las vidas de los demás "por una razón, una estación o toda una vida." No es la extensión del tiempo, sino más bien la profundidad del conocimiento, del perdón y del crecimiento que ocurre lo que determina el significado de una conexión entre dos personas. Me encanta la letra de la canción de Joni Mitchell que dice que el amor es cuestión de almas tocando otras almas. Algunas personas han dormido juntas durante treinta años pero sus almas jamás se han tocado. Según algunas personas, este es un matrimonio exitoso... pero hay muchas formas de estimar el amor.

Una vez conocí a un hombre que era más joven en edad, pero mucho más firmemente arraigado en la verdad de su ser que lo que yo estaba en el mío. Mantuve el falso estribillo sobre que él era demasiado joven para mí, hasta que un día comprendí que el gesto de intriga en su rostro no era causado por la desilusión sino por la falta de respeto. Él esperaba más de mí: que hubiese sido más honesta.

Qué conveniente era la retahíla que usaba para disfrazar mi miedo, argumentando que como todavía no tenía hijos y yo no podía dárselos, no era la mujer para él. "Para toda una vida, es probable que tengas razón," dijo. "Pero yo no te pedí compartir una vida, sólo te pedí que saliéramos el sábado en la noche."

Pero, *¿cómo puedo tener una cita un sábado por la noche*, pensé, *cuando sé desde ahora que esto no podría durar?* Vi un episodio de *Sex and the City* en donde llaman a esta situación "fecha de vencimiento": uno sabe desde el comienzo que hay un límite de tiempo para esta relación. Me tomó un tiempo comprender que si eso no había impedido que disfrutara de un yogur, ¡tampoco tenía que impedir que disfrutara de los hombres!

La idea de enamorarse de alguien con quien ya se ha establecido una duración límite, parece terrible al comienzo hasta que comprendí, *¿pero acaso no es eso la muerte?* ¿Acaso he dicho en alguna ocasión: "Lo siento, no puedo amarte, es probable que en cuarenta o cincuenta años ya no estés aquí?" No. Tenemos la doble ilusión de que la vida es larga y el amor es corto. De hecho, la vida es corta y el amor dura para siempre...

Entonces decidí darle una oportunidad al joven, como si tuviera mucho que enseñarle, pensaba. Lo irónico, aunque para él no lo era en absoluto, sino más bien obvio, era que él, al llevar consigo mucho menos miedo que yo, inició la experiencia con mucha más sabiduría y fortaleza. Lo que yo poseía en conocimientos acumulados, él lo superaba con su mente más abierta, menos reglas, menos límites, menos pretensiones de saber cosas que son imposibles de saber. No era yo la gurú del amor, era él. Pensaba que debía sentirse bendecido por tener el amor de alguien que sabía más que él, pero creo que fui yo quien recibió la bendición de ser amada por alguien que era más *ignorante* que yo. Las personas coinciden de forma perfecta para recibir los dones que tienen mutuamente para ellos, y a veces estos nos enseñan cuándo *no* razonar siendo más importantes que aquellos que nos enseñan cómo razonar. El conocimiento tiene muchas dimensiones. *Un curso de milagros* dice que el amor restaura la razón y no al contrario.

Algunas veces el valor de una relación con una persona más joven, es que nos recuerda que todavía no hemos muerto. Los más jóvenes aportan una energía semejante a la salida del sol, cuando tanta neblina y tanta lluvia nos hicieron pensar que la luz jamás regresaría. Aportan la luz del sol porque ellos todavía *son* el sol. Al no haber experimentado todavía su propio atardecer, no activan el dolor que uno ha sentido en esas horas.

Una relación puede no durar toda una vida, pero no significa que no sea una experiencia sagrada. La santidad de una conexión es determinada por la cantidad de respeto y honor que uno demuestra. Las personas se sienten atraídas hacia aquellos de quienes pueden aprender, y la intimidad ofrece una profunda oportunidad de aprendizaje. Pasar años juntos puede ser un profundo aprendizaje, y tres días en París en donde lo único que uno hace es comer, dormir, hacer el amor, orar y hablar sobre todo lo que le ha ocurrido en la vida, también puede constituir un aprendizaje profundo. Lo único que lo arruina es cuando uno de los dos no sabe cómo asumir que lo ocurrido en París sea sencillamente eso. Se requiere un elevado nivel de evolución espiritual tanto como emocional, para ser capaz de profundizar con alguien con quien es mejor mantener la conexión bajo limitaciones de tiempo. No estoy justificando el sexo causal; el sexo en este caso sería todo menos casual. No se trata de que "lo que aquí pasó de aquí no sale." Se trata de que "lo ocurrido en París se queda en nuestros corazones como una bendición eternamente."

Y el sitio en donde ocurra no tiene importancia.

HAY MUCHAS HABITACIONES EN LA CASA ROMÁNTICA DEL AMOR.
El intercambio es excepcionalmente maravilloso con
alguien que conoce las letras de las mismas canciones
que usted conoce. Pienso en aquél que ha caminado
el sendero a mi lado cuando ha sido suave y cuando
ha sido pedregoso, cuando estuvo bien conocerme y
cuando estuvo bien dejarme ir, cuando reía a carca-
jadas y cuando lloraba como un bebé. Él es quien me
ha *visto*. Pienso que ese es el máximo valor de una relación, cuando avanza a través de los años sin disolv-
erse. Alguien que presta testimonio de su vida. Usted no
se siente que ha vivido en un vacío; alguien más conoce
su historia. Ellos se emocionaron tanto como usted
cuando algo maravilloso le sucedió, y jamás dijeron
"te lo dije," cuando usted hizo algo estúpido de lo cual
más tarde se tuvo que arrepentir. Ellos tienen fe en el
continuo relato de su vida. Lo han visto madurar a raíz
de sus pérdidas así como de sus victorias.

La clave para las relaciones duraderas es dejar que
alguien sea distinto a como era ayer. Pienso que una
de las razones más comunes para el divorcio es que las
parejas no siempre crean el espacio emocional entre
ellos, para permitir el cambio constante y continuo.
Cuando las personas dicen: "nos fuimos por caminos
distintos," es a menudo una señal de que cuando se
casaron, su contrato emocional no incluía la cláusula:
"Te dejaré madurar. Tú me dejaras madurar. Aprenderemos y maduraremos mutuamente."

En la mediana edad todos tenemos que descascararnos y cambiar de piel. El alma ansía su expansión. La tragedia entre parejas es cuando no saben lo suficiente como para honrar esta necesidad, reconocer que esto conlleva una oportunidad de reverdecer la relación.

Una vez conocí a un hombre que había dejado a su mujer porque sentía que no podía ser *él mismo* en el matrimonio. Sentía que no podía encontrar su hombría en el contexto de su conexión con ella, como si ella tomara demasiado oxígeno. Sintió que al dejarla, iba a pasar por una especie de iniciación masculina. Luego, y sólo entonces, podría convertirse en el hombre que siempre había deseado ser.

Pero sentí al observarlo que quizá la verdadera iniciación en su hombría hubiera ocurrido si en el contexto del matrimonio, se hubiera apropiado de su propio poder lo suficiente como para pedirle a ella sencillamente que retrocediera. Un verdadero hombre pone sus límites. Un verdadero hombre exige su propio espacio psíquico. Un verdadero hombre no permite que una mujer lo domine o lo controle. Pero un verdadero hombre *reclama* todo esto para sí mismo; no simplemente se escabulle y luego presume que abandonar el matrimonio fue un acto de poder masculino.

Algunas veces, los matrimonios simplemente se acaban, ya pasó la oportunidad del máximo aprendizaje y es hora de cerrar el círculo, pero algunas veces las personas se van por el único motivo de que sus cónyuges no les están proveyendo lo que ellos no pueden proveerse a sí mismos. El hecho de que una relación le está recordando que usted todavía no es lo suficiente-

mente fuerte no es de por sí algo *malo*. Es parte del valor de la relación que se está manifestando ante usted. En mi experiencia, jamás ha sido fuente de claridad ni de fortaleza, el hecho de moverse hacia otra situación en donde se quede estancado en el mismo patrón pretendiendo que no es así.

He ganado mucho en mi vida al seguir adelante cuando era el anhelo de mi alma. He ganado por igual cuando he permanecido en la lucha con mi ser mientras he permanecido inmóvil, cuando mi alma me ha expresado claramente que ahí era donde pertenecía por ese momento...; que el verdadero problema no era él sino tú-sabes-quién. Es increíble, que una vez que logra superarlo o realizar el cambio la persona que esté frente a usted siga siendo la misma de antes.

Una vez tuve una relación con un hombre que me decía a menudo: "¡Eres tan difícil de complacer!" Esto era un conflicto constante que llegó a convertirse en un problema grave, pues yo siempre encontraba la forma de crear un problema donde no tenía que haberlo. Comprendí lo que estaba pasando y me dirigí a mi interior para ver por qué me estaba comportando de una manera tan contraproducente. Le pedí ayuda a Dios, intenté dejar de hacerlo y modifiqué mi conducta lo mejor que pude. Un día, muchos meses más tarde, le pedí a mi amigo que me sirviera un poco más de leche en mi café, a lo cual me respondió riendo: "¡Eres tan difícil de complacer!" Sin embargo, yo lo había logrado. Había cambiado, pero él seguía igual.

Querido Dios:
Te entrego mis relaciones.
Por favor, purifica mis ideas respecto a
ellas,
para que solamente el amor permanezca.
En ésta, y en todas las cosas, querido
Dios,
que se realice solamente
Tu voluntad.
Amén

Capítulo ocho

ABRAHAM, MARTIN Y JOHN

Después del ataque a las Torres Gemelas del once de septiembre, todo aquel que tenía que madurar y básicamente no lo había hecho, lo hizo. La pos-adolescencia prolongada de por lo menos una generación, terminó por fin. Ese día, la música murió.

Y ahora, ¿qué hacemos? Todo el mundo que conozco quiere que el mundo cambie.

Es increíble lo profundo que hemos caído. En la década de los sesenta escuchábamos a personas de la envergadura de Bobby Kennedy y Martin Luther King expresar la visión de los Estados Unidos y del mundo logrando sus posibilidades más elevadas. Ofrecíamos la música que era la banda sonora de sus sueños, cantando temas como "All You Need Is Love" en demostraciones políticas. Es cierto que en esa época estábamos drogados a morir, pero ya no lo estamos, y eso significa algo. Puede habernos tomado cuarenta años, pero finalmente maduramos al punto en que estamos listos para manifestar los sueños que adoptamos hace tanto tiempo.

¿Qué hizo que nos tomara tanto tiempo? ¿Por qué cuarenta años? ¿Qué nos detuvo?

Pienso que más que nada, fue el crimen. Las voces de Bobby Kennedy y Martin Luther King, así como los otro cuatro estudiantes de Kent State University, fueron silenciadas violenta y abruptamente frente a nuestros ojos. Aquellas balas no fueron solamente para ellos, psíquicamente fueron para todos nosotros y lo sabíamos. El mensaje implícito de esos asesinatos no podía haber sido más estridente. No hubo más protestas. Ahora nos iríamos a casa. Podíamos hacer lo que se nos antojara en nuestro sector privado, pero tendríamos que dejar el sector público a quienquiera que lo quisiera tanto que estuviera dispuesto a matar con el fin de controlarlo.

Eso fue lo que hicimos. Una generación con tanto talento y privilegios como cualquiera que se hubiera posado sobre la tierra vertió la mayoría de nuestros talentos en los asuntos privados, sobre todo en cosas de máxima irrelevancia, mientras que la generalidad dejó en manos de los demás la esfera política. Por unas cuantas décadas, pareció funcionar. Los Estados Unidos puede asemejarse a una casa en la cual muchos de nosotros corrimos al segundo piso (arte, espiritualidad, profesión, *diversión*) y dejamos el primer piso (política tradicional) a los pensadores menos inspirados. Nos engañamos diciendo que era un arreglo ideal, hasta que algunos de nosotros comenzamos a percibir desde el balcón el inconfundible olor de una casa en llamas.

¿No debería alguno de nosotros estar gritando "¡fuego!"?

Colectivamente, nuestro libreto ha regresado para que volvamos a escribirlo. Tenemos otra oportunidad de determinar el final. La primera vez, nos permitimos callar. Falta ver si seremos silenciados ahora.

> *Querido Dios:*
> *En este momento de peligro global,*
> *que yo sea un canal para Tus milagros.*
> *Sáname para que*
> *pueda sanar a los demás,*
> *y ayudar a dar a luz*
> *un mundo más hermoso.*
> *Amén*

DURANTE SU SEGUNDO TÉRMINO PRESIDENCIAL, el presidente Bill Clinton propuso una conversación pública sobre la raza. Algunos trataron en lo posible de seguir su propuesta, pero la idea pronto comenzó a esfumarse. Desde una perspectiva transformadora, aquella que reconoce la importancia de los factores psicológicos, emocionales y espirituales, así como los materiales, esto no fue sorpresivo. No es posible realizar una verdadera "conversación" sobre la raza, que sea auténtica y significativa, con la esperanza de un verdadero cambio, a menos que algunas de las personas involucradas tengan la oportunidad de expresar la ira que se ha acumulado durante cientos de años.

Como líder de grupos de apoyo espirituales por más de veinte años, tengo alguna experiencia facilitando el tipo de "espacio sagrado" que permite conversaciones profundas. En estos grupos debe invocarse una energía única, que garantice la seguridad emocional y el bienestar de todos sus participantes. Muchos de nosotros hemos sentido esta clase de energía en terapia, durante rituales religiosos o situaciones similares. Es una vibración evidentemente diferente de la de una conversación normal, la cual deriva de un grupo de ondas cerebrales totalmente distintas.

Cuando María buscaba a su hijo Jesús, lo encontró en el templo. Y hay una razón para eso. Ninguna alma encuentra a otra excepto en el espacio sagrado.

En ese espacio todo es revelado, se entrega y se recibe una comunicación total, y los milagros ocurren naturalmente. Hasta que logremos esa profundidad de diálogo en nuestro interior y en el interior de los demás, no puede haber cambios profundos respecto a nuestros problemas más urgentes. Lo que definitivamente *no* puede resolver los problemas actuales son los conceptos convencionales ni tampoco las fórmulas trilladas y desgastadas. *No* se pueden resolver los problemas actuales por medio de ataques y defensas eternas ni las conversaciones superficiales.

Lo que *resolverá* los problemas actuales es la nueva conciencia, de la cual emergen los nuevos conceptos y la nueva esperanza. El planeta necesita una historia nueva, y nosotros también.

¿Quiénes pueden ser mejores para crear una nueva historia para nuestro planeta que aquellos de nosotros que estamos involucrados en crear una nueva historia para nosotros mismos? Un problema de la mediana edad es la tentación de ser redundantes, simplemente imitándonos al hacer las mismas cosas que hemos hecho siempre pero con menos vigor. Pero el pulso del momento, tanto personal como globalmente, es dejar ir ahora aquello que debe partir, liberarnos de la influencia de lo que solía ser y acoger una vida radicalmente nueva. Está aquí para nosotros. Esta aquí para nosotros como individuos y está aquí para nosotros como especie. Está vivo en nuestra imaginación, y podemos reclamarlo si deseamos hacerlo. Cada uno de nosotros está codificado para asumir un papel al máximo de su potencial para ayudar a cambiar el mundo, en la magnitud en la cual estemos nosotros dispuestos a *cambiar*.

En una ocasión, fui testigo de un momento fascinante en una fiesta privada, en donde vi el productor e intérprete musical Babyface rasgando su guitarra e interpretando su canción "Change the World," mientras Andrew Young, antiguo alcalde de Atlanta, embajador ante las Naciones Unidas y leyenda de los derechos civiles, lo escuchaba embelesado a unos metros de distancia. Un hombre cantaba para cambiar el mundo, mientras el otro recordaba lo mucho que lo había intentado. Ambos confirmaban la posibilidad de sus convocatorias de la misma fuente interior, de la cual todos nosotros debemos ahora atraer nuestra inspiración y nuestra esperanza.

La verdadera visión no proviene de lo que vemos en el pasado o en el futuro sino que emerge de lo que vemos en nuestro interior. El alma es el único repositorio seguro de nuestros sueños de renacer de un mundo nuevo. Es el alma la que nos dirige, sin importar nuestra edad, hacia el papel que mejor podemos interpretar para realinear la tierra con la conciencia del cielo. Tenemos en nuestro interior, a través del sistema interior creado por Dios mismo, todas las instrucciones necesarias para dar a luz un nuevo mundo. Tanto nuestro ser temporal como nuestro ser eterno están programados perfectamente para lo que debemos hacer ahora.

Y me refiero ahora mismo.

> *Querido Dios:*
> *Por favor, prepara*
> *mi corazón y mi alma*
> *para atraer la luz a estos tiempos de*
> *oscuridad.*
> *Amén*

LA HISTORIA AVANZA UNA FILOSOFÍA A LA VEZ. Desde la fe judía de un Dios monoteísta hasta la visión budista de la compasión, desde las enseñanzas de Jesús de que Dios es amor hasta la insistencia de Martin Luther de que podemos hablar con Él directamente; desde la genialidad creativa individual incitada en el Renacimiento Italiano hasta la madurez filosófica del Siglo de las Luces europeo; desde la genialidad del Experimento Americano hasta la invención de la física cuántica la marcha de los ejércitos es creativamente pequeña comparada con la marcha de las ideas. Este es el propósito de nuestros tiempos, tanto para el individuo como para las especies: mientras la vida progresa, nuestra percepción puede madurar.

A veces, damos dos pasos hacia delante y un paso hacia atrás, no obstante, existe un impulso evolutivo en el interior de todo corazón, de toda célula y de todos los aspectos de la vida: marchar hacia delante a pesar de todas las resistencias. Nuestra labor es conspirar conscientemente con este impulso en total sinergia con la fuerza del amor en el centro de todas las cosas, entrelazados con su pulso y su latido divino, desplazándonos y dirigiendo la ola sobre la cual la humanidad finalmente emergerá.

ES SORPRENDENTE LA CANTIDAD DE PERSONAS HOY EN DÍA que no asumen como algo seguro la supervivencia del planeta en los próximos cincuenta años. Ya sea debido a desastres climáticos o a contratiempos militares, hay muchas formas en que podemos destruirnos.

Desde el punto de vista racional, esto es cierto. Pero el poder espiritual no es racional. Tampoco quiere decir que sea *irracional;* sólo que no es racional. Se deriva de un campo cuántico no limitado por las circunstancias mortales. Las posibilidades catastróficas que amenazan el mundo de hoy reflejan lo que hemos sido hasta ahora, y seguirán siendo iguales siempre y cuando *sigamos* siendo iguales. La posibilidad de un cambio milagroso en los asuntos globales refleja la posibilidad de un cambio milagroso en nosotros.

La transformación espiritual, no la manipulación humana, es el único nivel fundamentalmente lo suficiente profundo como para alterar la trayectoria ahora peligrosa de la historia humana. No podemos sencillamente "arreglar" nuestra salida de lo que está ocurriendo ahora. Necesitamos un milagro, el cual sólo tendremos si nos convertimos nosotros mismos en obradores de milagros.

Los milagros ocurren naturalmente en la presencia del amor. En nuestro estado natural, *somos* obradores de milagros porque somos amor. Hablar de la transformación personal, de la jornada del miedo hacia el amor, no es un ejercicio narcisista. No es lógica difusa ni mentalidad intangible de la Nueva Era. Es el componente indispensable para recrear la sociedad humana y afectar el curso de la historia.

El problema con el mundo es que nos hemos desgarrado de nuestra naturaleza original. Al desgarrarnos, nos hemos convertido en adictos. Desgarrados entre sí, nos hemos convertido en abusadores. Desgarrados de la tierra, nos hemos convertido en sus destructores. Y este desgarramiento, la separación de nuestra conexión divina, no es una metáfora. No es un símbolo, es una enfermedad real, viciosa e insidiosamente progresiva del espíritu humano. Es una *fuerza*. Y tiene en su estructura el mismo nivel sofisticado de habilidades mentales funcionales que tiene la mejor parte de nosotros. Es nuestro lado oscuro, y es ingenuo subestimar su influencia.

En una conferencia, mencioné una vez la palabra *maldad*. Una mujer se puso de pie en la parte de atrás de la sala y dijo: "No creo en la maldad. En donde alguien ve la maldad, yo veo heridas y dolor." Le dije que el dolor al cual ella se refería es a menudo absolutamente la *causa* de la maldad. Pero no entiendo por qué reconocer la causa implica negar el efecto.

¿No fue mala la quema de brujas? ¿No es malo el genocidio? ¿No es maldad degollar niños, mercadearlos como esclavos o cortarles sus miembros uno por uno? ¿No es malo atar a un hombre en su sótano, forzarlo a escuchar los gritos de su esposa y sus hijas mientras son violadas repetidamente y luego quemadas? ¿De dónde sacamos esta noción de que de alguna manera es "espiritual" minimizar la maldad?

Como estudiante de *Un curso de milagros,* ciertamente comprendo que en realidad lo único que existe es el amor. Pero el planeta en que vivimos *no* es la realidad suprema; es una ilusión masiva, tan poderosa en sus efectos como en su verdad. Y aquí, en esta ilusión colectiva, todavía prevalece aquello que no es amor. El ego, según *Un curso de milagros,* es malicioso en el mejor de los casos, y depravado en el peor.

La mente milagrosa no es ingenua respecto a la oscuridad; no andamos con latas de pintura rosada para derramarla sobre todas las cosas pretendiendo que todo está bien. No podemos invocar el alba si negamos que existe la noche. ¿Qué podría ser más útil para la oscuridad que seres evadiendo la realidad de su naturaleza astuta e insidiosa? Un ser maduro y serio no es alguien que se aleja del dolor del mundo; es alguien que ve que la esencia de nuestras vidas es comprometernos a sanarlo.

Esto, de alguna manera, es lo que nuestra generación tiene que aprender. En una parte del mundo en donde todo ha sido muy fácil para nosotros, quizá hemos manifestado subconscientemente nuestro propio infierno privado para asegurarnos que finalmente nos despertemos ante el infierno de tantas personas en otras partes del mundo. Quizá nos hacía falta que se cayera un puente en Minnesota para comenzar a imaginarnos lo que se siente que todos los días bombardeen nuestra ciudad, nuestro país, nuestros puentes, nuestros hospitales, mercados, escuelas e hijos.

Quizá llegaremos colectivamente al lugar en donde muchos de nosotros, en la privacidad de nuestros propios corazones, gritemos llenos de horror: "¡Oh Dios mío, ¿qué hemos hecho?!"

Luego, en un momento de dolor genuino por las formas tan irresponsables en que nos hemos conducido, comencemos a expiar como nación y como civilización, de la forma en que muchos de nosotros nos hemos expiado como individuos. Reconoceremos que nos hemos equivocado, entregaremos nuestras almas a Dios y pediremos fervientemente otra oportunidad.

Querido Dios:
Por favor, perdónanos por las heridas de
la tierra,
y todo el sufrimiento innecesario
que aflige hoy a sus moradores.
Intercede en nombre de lo mejor que
somos
y repara el daño realizado.

Reemplaza nuestro miedo por esperanza,
querido Dios,
y convierte en amor todo el odio.
Amén

DESCARTES DIJO: "PIENSO LUEGO EXISTO." Según lo veo, estoy conectada a Dios, luego existo. Sin mi fe, siento que no soy más que un arreglo desconectado de ideas y sentimientos sin significado ni propósito verdadero.

No quiero decir que sin mi religión no sería nada, aunque pienso que sería menos. Lo que quiero decir es que mi seguridad emocional se deriva de la creencia de que no estoy sola en el universo, de que me apoya lo que Martin Luther King llamaba "la compañía cósmica." No puedo imaginarme cómo se sentiría el mundo de frío, particularmente en estos días, para aquellos que no tienen un contexto más amplio y eterno de su existencia humana. Sin una perspectiva espiritual, no me explico cómo pueden vivir las personas.

De vez en cuando me preguntan qué habría sido de mi vida si no hubiera encontrado *Un curso de milagros*. A menudo menciono a Edina de la serie cómica de la televisión británica llamada *Absolutely Fabulous*. Si no la ha visto, créame, no es nada agradable de ver. Al igual que ese personaje, algunas personas se estancan en sus vidas dando círculos una y otra vez en los mismos lugares, porque no pueden encontrar la puerta hacia otro reino de opciones. La mayoría de nosotros puede identificarse con esto en algún punto u otro. Lo único que sé es que para mí el único escape ha sido una puerta que no puedo abrir por mí misma.

En la universidad, tomé clases en donde leí libros sobre estados filosóficos de "tedio," un sentido de aislamiento en el universo y de desesperación existencial. Pero en ese punto de mi vida, no podía apreciar por completo lo que significaba. Fue solamente con el paso de los años, mientras cada capa de ilusión mundana caía ante mis ojos, que llegué a apreciar una constante que no es de este mundo. A menos que uno no haya tenido contacto con un poder elevado, los poderes inferiores pueden llegar a hacer mella en su ser.

Y una vez que ha envejecido lo suficiente, ya no será demasiado orgulloso para pedir ayuda.

Me parece divertido escuchar a alguien decir que la fe es solamente una muleta. Me imagino que si uno se rompe una pierna, sería agradable tener esa muleta. Y la usaría solamente hasta que esté listo para volver a caminar con sus dos piernas. Apoyarse en Dios no significa apoyarse en algo externo a uno. Significa que uno confía en la Verdad de Todas las Cosas, en un poder elevado cuyo trono no está allá afuera sino dentro de su corazón. Uno se apoya en el poder de compasión y no juicio. Uno se apoya en leyes del universo objetivas y evidentes; la fe en que el amor produce milagros no es distinta a la fe en que la gravedad hace que las cosas caigan.

Si tengo la opción de apoyarme en un Creador divino o en los falsos poderes de un mundo confuso y lleno de dolor, escojo lo primero. Algunas veces, cuando me despierto en la mañana, puedo sentir mi alma levántandose hacia Dios, mi mente murmurando frases tales como: *lo único que deseo es la paz de Dios* antes siquiera de tomar mi libro de trabajo de *Un curso de milagros,* que mantengo al lado de mi cama. Fíjense que soy a duras penas una versión moderna de Santa Teresa: estoy exhausta de una vida en pos de nada más que lo máximo de todo. Mi alma ha sido lanzada contra muchos despeñaderos rocosos, hasta que finalmente comprendí que yo era el viento. ¿Quién si no Dios podría calmar la tempestad en mi alma? Y tengo el presentimiento de que sentir calma en cierto momento y en ciertas horas y en ciertos días, lo que ocurre cuando logro este estado, no solamente es útil para mí sino para Él también. Por lo menos, esto es lo que pido en oración.

CADA PROBLEMA ES UNA OPORTUNIDAD PARA CONVERTIRNOS en una mejor persona. Imagínese, entonces, lo que tenemos que enfrentar para lograr que la historia cambie en esta época. ¿Qué clase de salto cuántico hará que nos transformemos desde el nivel de la conciencia en el cual creamos nuestros problemas, al nivel de la conciencia en el cual somos capaces de resolverlas milagrosamente? ¿Quiénes somos destinados a ser para que en nuestra presencia, las formas de pensamientos densas de odio simplemente se desvanezcan?

Esto es lo más emocionante de los tiempos actuales. Dado el hecho de que Dios tiene una respuesta para cada problema que ocurre, en Su mente existe un plan absoluto (un plan de acción para nuestra salvación) que ya ha sido grabado en nuestros corazones. Según ese plan, seremos redimidos tanto como individuos como colectivamente, y seremos encausados en un nuevo sendero de evolución. Todas las nociones antiguas morirán, y la raza humana recordará finalmente que todos fuimos concebidos en el amor; que estamos aquí para amar y que, de una manera u otra, recordaremos cómo amar.

Una de las cosas más importantes que puede hacer cualquiera de nosotros para ayudar al mundo es orar y meditar consistentemente. La oración, de acuerdo a *Un curso de milagros* es el medio de transmisión de milagros. Nos transforma y, a través de nosotros, transforma el mundo entero. Nadie que ora y medita consistentemente siente desinterés ante lo que ocurre en el universo.

La primera razón por la cual oramos y meditamos es lidiar con la oscuridad del mundo, fortaleciendo nuestra resistencia hacia el caos y la negatividad vertiginosa. En este momento histórico de transición, muchas personas están experimentando un pánico de baja vibración del cual no están conscientes. Todos debemos blindarnos con luz, y la oración y la meditación logran este propósito.

Sin embargo, resulta curioso el hecho de que no solamente oramos y meditamos para lidiar con la oscuridad. También lo hacemos para lidiar con la luz. Nuestros sistemas nerviosos están siendo bombardeados hoy por las fuerzas de luz que fluyen hacia nosotros en respuesta a las plegarias de ayuda de la humanidad, pero un sistema nervioso que no se ha preparado para tal ímpetu, puede sentirse abrumado. Nos hace poco bien si logramos atraer milagros, pero no estamos preparados psicológica y emocionalmente para recibirlos cuando llegan. La oración no solamente invoca el bien, sino que también nos prepara para lidiar con él una vez que llega.

Como dijo Martin Luther King: "Nos hace falta un cambio cualitativo en nuestras almas así como un cambio cuantitativo en nuestras vidas." Muchas personas dicen que hemos sido guiados por los dictados de la supervivencia para llevar vidas materialmente exiguas, y quizá esto es cierto. Pero, espiritualmente, hemos sido guiados para llevar vidas *grandiosas*, ante lo cual nuestra resistencia es por lo menos igual de fuerte.

En una ocasión escuché al autor Stedman Graham sugerir que incluso los más exitosos entre nosotros no estamos viviendo al ciento por ciento. Pensé en esto durante mucho tiempo. Me preguntaba en dónde estaba el otro veinte por ciento si sentimos que sólo vivimos al ochenta por ciento. ¿Existe en un estante en algún lugar como potencialidad pura, esperando ser atraído cuando estemos listos para manifestarlo? ¿Fue colocado en un rincón de la Mente de Dios para resguardarlo? Y si abrimos ahora las compuertas de nuestro pleno potencial, ¿llegaremos a recuperar las posibilidades que dejamos de manifestar en los últimos treinta años?

Cuando no maduramos en ciertas áreas, podemos experimentar cierto tipo de "estancamiento", mientras que aquellos que nos rodean avanzan gradualmente como en una línea diagonal ascendente en una gráfica. No obstante, una vez que despertamos a la conciencia, regresamos a la curva natural de crecimiento de nuestra alma, realizamos un ascenso vertical directo hacia el lugar en donde se supone que estemos, donde *estaríamos*, si no nos hubiéramos rezagado. Esto ocurre cuando las personas se vuelven sobrias; de repente, emanan una energía positiva que habían suprimido durante los años que estaban usando sustancias tóxicas.

Incluso si usted no es un adicto, por el solo hecho de vivir en esta sociedad, ha sido parte de un sistema adictivo. El presidente Bush estaba en lo cierto cuando señaló que los Estados Unidos era un país "adicto al petróleo" (y probablemente a unas otras cuantas cosas), y los patrones disfuncionales engendrados por esa adicción se extienden como tentáculos en todas nuestras vidas. Si un padre o madre es alcohólico, sus hijos cargan el peso psicológico de los asuntos sin procesar del adicto. Si alguien hurta una elección presidencial, los ciudadanos del país cargan con el peso psicológico de ese secreto de culpa. Si una nación invade a otro país para controlar su petróleo, sus ciudadanos conllevan el karma colectivo y la culpa resultante de ser cómplices involuntarios de lo que ahora se llama de manera eufemística "cambio de régimen", pero en los tiempos antiguos se habría denominado más atinadamente "pillaje y saqueo." Éstas y muchas otras fuerzas han representado un papel en nuestras psiques, suprimiendo el surgimiento de lo mejor de nuestro ser. No es sorprendente entonces que muchos de nosotros nos deprimamos o perezcamos emocionalmente. Esta es una época en extremo crucial.

Ahora es el momento de volvernos sobrios tanto emocional como psicológicamente..., de despertarnos del estupor de las últimas décadas. Para reclamar el porcentaje de nuestro potencial que todavía no hemos manifestado y reclamar ese cien por ciento. La carrera ha comenzado. Es ahora. Oremos. Comencemos.

NUESTRO PROBLEMA NO ES QUE NO PENSAMOS QUE EL AMOR es algo importante, nuestro problema es que no pensamos que es lo *más* importante. Hay demasiadas distracciones en nuestro medio.

Pero algo ocurre cuando uno ha vivido lo suficiente. Niños sufriendo sin necesidad..., niños enlistándose en las guerras..., personas muriendo de hambre en un mundo de plenitud; otros asuntos palidecen en comparación. Llega un día en que usted ve las noticias y dice: *¡Maldición, ¿qué estamos haciendo?!*

Es horrible contemplarlo, pero los terroristas saben lo que *están* haciendo. No me puedo imaginar un terrorista moderado, despreocupado, casual o poco comprometido. Los terroristas tienen un plan de acción, eso es seguro, y harán lo que tengan que hacer para llevarlo a cabo. Sin embargo, el problema más grande con el cual tenemos que enfrentarnos, no es que una cantidad relativamente pequeña de personas odian con convicción, es que no somos suficientes quienes *amamos* con convicción.

Con cada pensamiento de amor, participamos en la creación de un campo unificado de posibilidades exponencialmente cada vez mayores para todos y cada uno. Cuando una mariposa bate sus alas cerca del borde de América del Sur, afecta los patrones del viento cerca del Polo Norte. Y lo mismo es cierto en el dominio de la conciencia. Cada milagro que usted produce en su vida es una bendición para la vida misma.

Hace un par de años, la comunidad Amish de Pensilvania, quienes se abstienen del uso de todo tipo de tecnología moderna, demostraron verdaderamente de lo que trata el amor. Si el mundo sobrevive, se lo atribuyo a ellos. Cuando una de sus niñas fue atada y asesinada por un pistolero desquiciado, ellos lo perdonaron. Permítanme repetirlo: ellos lo *perdonaron*. Ese día, todo nuestro país supo, sin duda alguna, que estábamos en la presencia de algo real. Reporteros y comentadores de duro carácter que no se doblegan, no se muestran humildes, ni genuinos, ni se sinceran ante nadie, se doblegaron, se mostraron humildes y genuinos y se sinceraron cuando informaron sobre esta historia.

De acuerdo con *Un curso de milagros,* todas las mentes están unidas. Ninguna mente puede hacerse consciente de la reacción de los Amish ante su enorme tragedia y no ser transformada. Por su propia demostración de gracia, los Amish nos elevaron a todos. Nuestras almas se conmovieron no solamente ante su dolor sino también ante su espiritualidad. Al aferrarse a la luz, ellos trascendieron la oscuridad... y no solamente para ellos mismos. No puede ocurrir una crucifixión más real del Cristo, ni tampoco una resurrección más real. Y en el caso de Jesús, así como sus discípulos, los Amish, muchos millones más fueron elevados.

El amor es al miedo lo que la luz es a la oscuridad: en la presencia de uno, el otro desaparece. Cuando suficientes de nosotros permanezcamos en la luz del verdadero amor, no de un amor simplista, sino del amor intenso y extraordinario de Dios, todas las guerras cesarán. Pero no ocurrirá hasta entonces. Hasta que suficientes de nosotros aprendamos a amar como ama Dios, creando un campo de fuerza de santidad para purificar la tierra y disolver la maldad, seguiremos nuestra marcha hacia el desastre planetario. El amor *es* la respuesta. Sin embargo, observe lo terrible que es esta idea para el ego. Descubrimos que esta noción, que el amor es nuestra salvación, es más atemorizante que la guerra, ¿no es así? Nos resistimos a ella más de lo que nos resistimos al desastre nuclear. Y, ¿por qué? Porque el amor del cual hablo es aquél que trasciende el ego, y el mundo en que vivimos es la delicia del ego. El ego sabe que al acoger el amor, *lo* destruimos. Pero, es nuestra única opción en verdad: o sobrevive el ego o sobrevivimos nosotros.

No todo el mundo tiene dinero o poder terrenal, pero todos tenemos la misma capacidad para pensar, hacer el propósito y orar con convicción. El amor es una fuente espiritual siempre renovable. No tendríamos que preocuparnos mucho por el estado del mundo, si nos sintiéramos más en acuerdo universal mutuo respecto a que todos haremos lo posible para sanarlo.

Sin importar quiénes somos, tenemos cosas que estamos supuestos a hacer para realizar el llamado de nuestras almas. Pero, el llamado del alma no es una revelación amplia que será escrita en grandes letras en el cielo. Más bien, es un reto ser la persona que somos capaces de ser en cualquier momento dado. Nunca sabemos cuál conversación o encuentro puede guiarnos hacia qué, siempre y cuando nos presentemos ante ese evento lo mejor que podamos. El universo de Dios es de por sí una enorme intención amorosa, y cuando uno alinea sus propias intenciones con las de Él, pone en movimiento una especie de brisa tras de sí.

El odio y el miedo no tienen este apoyo cósmico, pues aunque tienen poder, no tienen poder *espiritual*. Y son espiritualmente impotentes cuando se enfrentan a un amor genuino. En las noticias actuales hay cosas terribles, pero por mucha oscuridad que haya ahí afuera, hay más amor *aquí dentro*. Quizá, de alguna manera, para eso es que están aquí los problemas más grandes del mundo. Ellos nos retan a cavar en las profundidades de nuestro ser para encontrar nuestra verdadera esencia y para escoger vivir de manera distinta. Martin Luther King dijo que era hora de inyectar un nuevo tipo de amor en las venas de la civilización humana. Ese amor *está* elevándose hoy. Es un nuevo tipo de pensamiento, un cambio radical del corazón.

En todas las áreas, desde la medicina hasta la educación, los negocios, los medios de comunicación, la política, el arte, las personas están manifestando nuevos y más iluminados modos de ser y actuar. Y cada uno de nosotros, sin importar quiénes somos, podemos alinearnos con una idea mejor. Ya sea algo tan sencillo como usar un tipo distinto de bombillo como respuesta al calentamiento global o trabajar en reconstruir la escuela de un vecindario, unirse a un grupo de meditación, o perdonar a las personas que nos han transgredido, podemos participar en una nueva onda creadora. Cuando nos dedicamos conscientemente a nosotros mismos para crear un planeta más amoroso, entonces todo eso que no es amor cae por su propio peso muerto.

Y cuando todo esto ocurra, el mundo cambiará en un abrir y cerrar de ojos.

> *Querido Dios:*
> *Pongo el mundo en Tus manos.*
> *Por favor, úsame*
> *para enmendar las cosas.*
> *Amén*

Capítulo nueve

SOMOS EL MUNDO

Particularmente, al envejecer, nuestros espíritus así como nuestros cuerpos necesitan más tiempo en silencio, más reflexión, más inmersión en la magia de sencillamente *ser*. Esto no significa que nos retiremos del mundo, sino que nos movamos hacia una experiencia más profunda de él. Pues el mundo es, de hecho, mucho más grande de lo que vemos con nuestros ojos físicos. Parte del valor del proceso de envejecimiento, y sí, eso fue lo que dije: el *valor* del proceso de envejecimiento, es que nos entrega naturalmente a los dominios en donde no estamos tan atados al mundo material. No se trata tanto de que estamos "perdiendo el control" como de que lo estamos ¡*encontrando*! Me parece increíblemente liberador olvidar ciertas cosas; ¡gracias a *Dios* que las olvido! Y no es cuestión de minimizar monstruos temibles como el miedo al Alzheimer. Es sólo cuestión de mantener nuestros cambios en perspectiva.

Ya no pienso tan rápido como solía hacerlo, de eso estoy segura. Tampoco hablo ni me muevo de forma tan rápida. Pero me parece que pienso con mayor profundidad. Es como si comprendiera las cosas al instante.

En una ocasión me desperté en medio de la noche comprendiendo una profunda verdad que brillaba como un anuncio en luces de neón: que la clave para la salvación humana yace en vivir los unos para los otros. Sí, ya sé, ya sé. No es nada nuevo. Pero en el momento en que me llegó, me pareció grande y profundo.

Obviamente, todos hemos escuchado antes este concepto, pero ¿no nos sentimos frustrados por lo que en verdad significa? ¿Significa que se supone que le demos todas nuestras posesiones a los pobres? ¿Cómo funciona eso en función de nuestras responsabilidades terrenales? ¿No se supone que tengamos un hogar para nuestros hijos? ¿No se supone que debamos proveer para ellos? Y, ¿es malo disfrutar de las cosas buenas?

Un curso de milagros dice: "Para tener, entrégalo todo a todos." Pero luego uno observa el mundo material y piensa: *Bueno, no creo que se refiera exactamente a eso...*

Lo que escuché en mi mente esa noche no fue: "Entrega todo lo que posees." Fue: "Vive para los demás." Y me he preguntado cómo sería el mundo si yo lo hiciera.

Hemos sido programados a tratar de ser el número uno, como si "yo" fuera mucho más importante que "nosotros." Pero el cambio radical de vivir por nosotros

para vivir por los demás, es claramente el imperativo espiritual que llama a la humanidad de regreso al jardín.

Entonces, ¿qué pasa con imponer límites sanos? ¿Vivir para los demás significa que tengo que darle todo a todos mi tiempo, mi energía, mi dinero, mi corazón? He intentado hacer esto... ser un parangón de abnegación... no tener jamás tiempo para mí, sentirme mal por querer ocuparme de mí, siempre corriendo y tratando de complacer o hacer algo por los demás. Y esto no me llevó a ninguna parte. Si algo pasó, fue que me dejó enojada, resentida, vulnerable a los ladrones, y sintiéndome mucho más estancada, anquilosada en la rutina de mi sendero espiritual en vez de acelerarlo. Agobiada la mitad del tiempo, rara vez pude darle lo mejor de mí a alguien.

Los límites sanos *son* amorosos, demuestran respeto tanto a la persona que los impone como a la persona a la cual se le pide que los honre. Creo que es mejor buscar una vida equilibrada en paz con nosotros y con nuestros seres queridos; entonces cuando tornamos nuestra atención hacia el mundo, podemos brindarle mucho más. Podemos brindar una mejor versión de nosotros.

De acuerdo con *Un curso de milagros*, el sacrificio no tiene lugar en el universo de Dios. Cuidarnos de una manera apropiada *es* un servicio significativo hacia una labor más grande porque no podemos dar lo que no somos. Desde ese espacio de paz, y de la conducta moderada que produce, llega más que suficiente dinero, tiempo y energía para darle al mundo. El servicio es trabajo muy serio, pero la codependencia no lo es.

Entonces, ¿cómo es que vivimos para los demás? Lo

mejor que se me ocurre es que el servicio es una manera de ser. Significa que puedo hacer que la persona que me lleva las maletas a la habitación del hotel se sienta apreciada por lo que hizo por mí. Darle una generosa propina, claro, pero igualar la propina con una actitud de honor por lo que hace. Las dos cosas son importantes. Significa que en cualquier momento, como parte de mi práctica espiritual, puedo hacer lo que pueda para demostrar amor y respeto por la persona que está al frente mío, o hablando conmigo por teléfono, o lo que sea.

La mayoría de nosotros tiene más contactos con otros seres humanos de lo que puede darse cuenta, y en cada encuentro, hay oportunidad para un milagro. Está la persona tras el mostrador cuando compra un café. La persona que lo mantiene en el teléfono cuando llama para que vengan a arreglar la secadora. La persona que lava las ventanas de su oficina. Parece que no fuera mucho, pero es una gota de compasión que añade al universo cuando usted se muestra más amable. Lo más importante no es lo que esto hizo por el universo. El punto es lo que hizo por *usted: lo* cambió y así es como su mundo comienza a producir su cambio radical.

La santidad es determinada por un cambio en el propósito. Cualquier cosa que hacemos para honrarnos solamente nosotros es un estancamiento. No hay bendición cósmica que lo apoye. Pero todo lo que hacemos con los demás en mente, incluso si esto incluye cuidarnos y prepararnos mejor para servir a los demás, conlleva la bendición de un universo amoroso.

Considere unas vacaciones, por ejemplo. Le ayuda a descansar su cuerpo y su mente de vez en cuando. Un día festivo incrementa los lazos afectivos saludables entre parejas, compañeros, amigos y familia. El principio del servicio no requiere que usted evite oportunidades de divertirse; si hay una característica propia de las personas alegres, es que son más productivas. Cuanto más se interese por el mundo a su alrededor, más probable será que el universo le ofrezca el descanso que alimenta su alma y lo ayude a seguir.

Hay un tiempo para la diversión y hay un tiempo para el trabajo. La relación entre los dos, parece ser un patrón inherente a todos los sistemas naturales, puede sentirlo en sus entrañas, si está o no en armonía. Cuando su vida es solo diversión y nada de trabajo, de alguna manera se siente inapropiado. Cuando es solo trabajo y nada de diversión, se siente desequilibrado y de poco uso hacia los demás. De hecho, es debido a que los problemas del mundo *son* tan serios que debemos hacer lo que sea necesario a veces para relajarnos. Una de las maneras para saber si está en el flujo es si está prestando verdaderamente servicio y si está verdaderamente disfrutando al mismo tiempo. Se siente bien porque *está* bien. Al nivel más profundo, todas nuestras necesidades son sólo una.

UN AMIGO DE SESENTA Y DOS AÑOS ME DIJO HACE POCO que estaba pensando en retirarse.

"No te veo retirado," le dije. "Creo que estás a punto de descubrir lo que viniste a hacer aquí."

En los últimos años hemos visto una tendencia interesante. La "segunda carrera" se ha convertido en una novedad. Las personas que han pasado veinte, treinta o cuarenta años logrando una cosa, comienzan algo nuevo. Lo que solía ser la edad del retiro, ahora es visto, si la persona lo desea, como la Segunda Fase de la carrera profesional. En vez de pensar en una segunda carrera como en un anticlímax o como "una cosita que hago para mantenerme ocupado," las personas terminan viendo su primer trabajo como un empleo más ostentoso que fue un preludio a algo más importante, algo que en verdad deseaban hacer en sus vidas. Ellos ven los logros que significaron el nivel de su éxito material como una preparación para un éxito mucho más grande: los medios por los cuales aprendieron las técnicas que tenían que llegar a aprender para lograr finalmente aportar su máxima contribución al mundo.

La nueva mediana edad llega en un momento en que *La Tormenta y el Ímpetu* de nuestros años mozos son alquimizados hacia una manifestación más elevada de nuestros talentos: algo útil no solamente para nosotros sino también para los demás. Puede ser que nos tomemos diez años para descubrir cómo desarrollar un negocio y otros diez para aprender cómo ser seres humanos más compasivos, añádale otros diez para descubrir cómo ser una mejor pareja o padre, y en algún momento a los cincuenta o sesenta y tantos años estamos listos para vivir nuestros mejores años.

Desde esas personas que odiaban sus empleos por décadas y ahora estallan y se liberan por fin para vivir su verdadero llamado, hasta aquellos a quienes les encantaban sus carreras pero deseaban algo más significativo en la mediana edad o después, algo está ocurriendo, haciendo que sea claro para todos que la inactividad radical no es el pulso de este momento.

Un ejemplo interesante del fenómeno de la segunda carrera es Bob Daly quien, después de ser Presidente y Director General de Warner Bros. durante diecinueve años, decidió renunciar y llegar a ser consejero delegado de Save the Children. Después de haber logrado un empleo que según los estándares modernos de los Estados Unidos sería considerado la cúspide del éxito, él define ahora el "éxito" de una manera más amplia.

Daly vivió el sueño americano y lo mejoró. Comenzó su carrera justo después de terminar la secundaria, trabajando en el departamento de contabilidad de CBS ganando el salario mínimo de cuarenta y un dólares a la semana. Desde ahí comenzó su progreso, llevando a cabo la fantasía profesional de una generación. Debido a su amor por la televisión, terminó dirigiendo una cadena televisiva. Debido a su amor por el cine, terminó dirigiendo un estudio de cine. Debido a su amor por el béisbol, compró eventualmente una división de Los Ángeles Dodgers y la manejó por años. Sin embargo, dice que lo mejor de todo es lo que está haciendo ahora.

Daly dice que jamás ha mirado hacia atrás, jamás se ha preguntado si tomó la decisión correcta al renunciar en el pináculo de su carrera en el mundo corporativo. Save the Children lo ha abierto a un mundo que desconocía por completo. La mayoría de las personas, dice, desconocen la magnitud del sufrimiento entre los niños del mundo y la magnitud de los esfuerzos humanitarios para salvarlos: "Uno ve algunos videos en la televisión, pero en realidad no sabe lo que está pasando. Una vez que uno está en una sala con personas que llevan haciendo esto todas sus vidas, que han decidido desde que estaban en la universidad que el dinero no sería su motivación en la vida, uno no puede dejar de pensar que *estas personas son muy especiales.*

"Gané muchísimo dinero en mi vida, y estaba feliz y me sentía tremendamente satisfecho," continúa, "pero esto es lo más gratificante que he llegado a hacer." Él está recibiendo lo que llama más "ingresos para el alma" ahora, con la satisfacción de saber que está usando sus prodigiosas habilidades administrativas para ayudar a aliviar el sufrimiento de los niños en el mundo.

La renuncia de Daly de Warner Bros causó un debate entre sus amigos. "Ellos habían entendido que yo quisiera manejar a los Dodgers. Pero, ¿esto...? Algunas personas lo entendieron, pero otras pensaron que me había vuelto loco."

Bob Daly forma parte de una nueva tendencia entre sus semejantes, sus conciudadanos y sus contemporáneos. Desde aquellos que se ofrecen como voluntarios hasta aquellos que donan enormes sumas de dinero, cada vez comprendemos más que cada uno de nosotros tiene que hacer lo necesario para atender los problemas más urgentes de la humanidad. Daly siente que hay algo nuevo en el aire: "La caridad," dice, "se ha puesto de moda."

Y esto es algo muy bueno. Una nueva ola de pasión humanitaria se está elevando como un gigante dormido de una generación que ha comenzado a despertarse, alarmados al comprender que mientras dormían, se fraguaron graves problemas.

A una persona de cincuenta años hoy en día pueden quedarle veinte, treinta o incluso cuarenta años de trabajo. Todavía tenemos tiempo. Pero éste es un momento en el planeta, si es que ha habido uno, en que todas las manos son necesarias, listas y preparadas. Y no solamente son necesarias las manos jóvenes con su poder físico. También son necesarias las manos de aquellos que han sido guiados por la sabiduría que solamente la edad puede brindar. Si estamos hoy en algún punto cercano a la mediana edad, llevamos con nosotros el recuerdo de una época en que el mundo que vivíamos parecía más lleno de esperanza. Esa esperanza está ausente ahora mismo y nuestro trabajo es restaurarla.

Al comienzo de 2007, tuve la fortuna de asistir a una celebración de Año Nuevo en honor a la inauguración de la Academia de Liderazgo para niñas en Suráfrica de Oprah Winfrey. Ella a menudo cita la frase de Emily Dickinson: "Confío en todas las posibilidades." Es obvio que lo hace fundando grandes espacios de posibilidades para millones a la vez. Yo soy una de ellas. Y en esa visita a África, se abrieron en mi corazón nuevas puertas de comprensión.

Mientras viajábamos por los arbustos, nos detuvimos en varios lugares para descansar. Siempre recordaré cómo nos lavábamos las manos: imagínese ser recibido por una hermosa africana en sus atuendos típicos, sosteniendo una jarra y una palangana en madera y bronce. Uno extiende ligeramente las manos hacia ella para que las enjabone, después, ella vierte agua tibia sobre ellas, mientras la palangana recoge el agua al caer. Lavarse las manos se convierte en algo más: en una clase de ritual sensual pleno de significado y gracia. Uno recibe más que agua y jabón; uno se enjuaga más que la suciedad física. Si la mujer hubiera lavado mis pies o yo hubiera lavado los de ella, no me habría sentido más absuelta o más bendita. Todos estos años lavándome las manos y ahora pienso que nunca supe lo que hacía.

Un día después de un safari, al escuchar a una sacerdotisa llamarnos a casa hacia la cuna de la humanidad ("Su cordón umbilical está enterrado aquí"), fuimos invitados a un festín espectacular en una tienda de campaña iluminada con velas. Una persona en mi mesa durante la cena mencionó que los reyes y reinas de las antiguas tribus africanas fueron los primeros en ser esclavizados. Miré alrededor de mí, y observando a los demás convidados, incluyendo algunas de las figuras líderes en el mundo del arte y la cultura de la sociedad contemporánea de afroamericanos, pensé que ellos eran, por lo menos de forma figurativa, esos reyes y reinas reencarnados que habían regresado a reclamar su conexión con África. Los descendientes de los esclavos habían sido elevados a tal prominencia y gloria que podían regresar a su tierra ancestral con un privilegio no imaginado hace doscientos años.

Al terminar la cena, hubo un espectáculo de danza. Gradualmente, los bailarines cautivaron a los convidados hasta que se levantaron de sus sillas; estrellas de raza negra de Hollywood comenzaron a bailar con africanos nativos siguiendo sus ritmos autóctonos. Varias vidas se desplazaron ante mis ojos mientras fui testigo de un momento genuinamente profético. Al observar el mundo antiguo y moderno compartir sus moléculas, sentí que Dios extendía Sus manos hacia lo que parecía Su última oferta a la humanidad. Nos han asignado una tarea, que si es bien llevada a cabo, conlleva tal potencial de redención fundamental, que cancelará las consecuencias inevitables y fatales de nuestra conducta como especie, que sin esa tarea ocurrirían.

Lo entendí. Lo vi. Lo escuché. Á-F-R-I-C-A. Entiendo que salvar el continente original es lo que salvará a sus hijos en el resto del mundo.

> *Querido Dios:*
> *En este momento del tiempo,*
> *por favor, cimienta el sendero*
> *por medio del cual el mundo*
> *puede repararse a sí mismo*
> *antes de que sea demasiado tarde.*
> *Úsame*
> *de cualquier forma que desees*
> *para tornar en luz la oscuridad.*
> *Amén*

La pobreza en África en el mundo de hoy es impactante: 350 millones de niños en este mundo se acuestan con hambre cada noche. La cantidad de pura desesperanza humana en este planeta hace que la situación actual sea insostenible.

Estamos en medio de una gran revolución, un salto cuántico de una era de la historia humana a otra. Las cosas van a ser radicalmente distintas en los próximos años, cuando entremos, ya sea a una nueva era de oscuridad o a una nueva era de luz.

Recuerdo cuando Barbra Streisand solía cantar "The Best Things in Life Are Free" (Las mejores cosas de la vida son gratis). También son gratis las cosas más poderosas. La compasión. Leerle a los niños. La misericordia. La ternura. Las dulces ideas. El perdón. Las oraciones. La meditación. El amor. El respeto. La paz.

Estas cosas cuestan mucho: bombarderos. Misiles de largo alcance. Helicópteros militares. Tanques. Ametralladoras. Artillería. Cañones. Aviones de combate. Aviones de alas rotativas. Barcos de combate costero. Unirse a combates masivos. Miembros artificiales. Guerra.

¡Oh Señor...!

La escalofriante verdad es que si no terminamos con la guerra, la guerra terminará con nosotros. En palabras de Albert Einstein: "No sé con qué tipo de armas será librada la Tercera Guerra Mundial, pero la Cuarta Guerra Mundial será librada con palos y piedras."

En un mundo en donde los medios y la cantidad de medios de destrucción masiva son tan extraordinarios (la capacidad destructora de la Segunda Guerra Mundial es como un grano de arena comparada con nuestra capacidad destructora actual), la guerra ya deja de ser una opción sostenible o incluso, a largo término, una opción de *supervivencia* para la raza humana. En palabras del congresista Dennis Kucinich: "Debemos poner en duda la creencia de que la guerra es inevitable." Es la tarea moral de nuestra generación, no de la generación de nuestros hijos ni de los hijos de nuestros hijos (no hay tiempo para eso) asumir la defensa de un mundo que ha traspasado el militarismo insano y autodestructivo que domina hoy las relaciones internacionales. No puedo creer que incluso ahora, los líderes de los Estados Unidos estén hablando de la guerra como si fuera un juego de piezas de Lego para armar.

En realidad, la guerra solamente crea víctimas. Las personas que son asesinadas son víctimas y las personas que son enviadas a asesinar también son víctimas. El estrés postraumático significa no solamente el trauma de recordar haber visto a personas asesinadas; también es a menudo el trauma de recordar *haber asesinado*. La guerra es monstruosa y así debe ser vista. Ir a la guerra como algo distinto a un verdadero último recurso, mucho menos por razones prefabricadas, o darle la bienvenida con manifestaciones como si fuera un evento deportivo, son señas seguras de que una nación ha perdido su corazón y posiblemente su mente.

Esta actitud no es pacifismo de por sí. Estamos viviendo en una era que plantea nuevas preguntas. Otras generaciones podrían argüir sobre la validez moral de ésta y otra guerra; nosotros no nos podemos dar el lujo de debatirla. Nuestro reto moral es superar la pura idea de ir a la guerra y punto.

Algunos parecen pensar que podemos seguir fabricando bombas nucleares, poner armas en el espacio exterior, crear métodos aún más perniciosos de guerra química y seguir vendiendo armas a otros países por la suma de cientos de millones de dólares, y eso sin contar el incremento en los accidentes militares, sin que terminemos por perder nuestras propias ciudades y nuestra propia gente en números masivos. Dichas personas están negando totalmente la realidad, o son ciegas o poseen corazones tan fríos que es evidente que jamás debería otorgárseles ni el gobierno ni nuestra confianza.

Cualquiera que no comprenda la onda del nuevo pensamiento y de la perspectiva iluminada que está barriendo el planeta en la actualidad, es alguien cuyo periodo en el poder debería terminar. Hay una nueva conversación en el aire, y todos nosotros deberíamos contribuir con nuestras voces lo mejor que podamos. Es hora de rediseñar el mundo, no a lo largo de las fronteras económicas y geopolíticas tradicionales, sino a lo largo de las fronteras profundamente humanitarias en las cuales la mejoría del sufrimiento humano innecesario se convierte en el nuevo principio organizacional de la civilización humana.

Es fácil reírse de los hijos de la generación de la posguerra cuando decimos este tipo de cosas. Después de todo, ¿no era lo mismo que decíamos en los años sesenta? ¿Y a qué nos condujo eso? Pues bien, nos condujo al final de una guerra, y eso no es poca cosa. Y nos hubiera llevado a mucho más, si Bobby Kennedy y Martin Luther King no hubieran muerto en parte por creerlo. El error de la generación de los sesenta no fue que no tuviéramos la meta correcta; fue que no comprendimos que nosotros mismos éramos los medios para lograrla. En palabras de Gandhi: "El fin es inherente a los medios." Debemos *ser* el cambio que deseamos que ocurra en el mundo, *de otra manera, el cambio no ocu-rrirá*. En esa época no lo sabíamos, pero ahora lo sabe-mos. Somos más sofisticados en la política, y somos más sofisticados en el amor. Nos estamos convirtiendo en lo que el autor Andrew Harvey llama "activistas sagrados." Llegamos tarde, pero llegamos.

Llegamos con canas e ironía. La generación que le declaró la guerra a la hipocresía se ha convertido en la generación más hipócrita de todas; la generación que buscaba reemplazar armas por flores ha reemplazado flores por armas; y si miramos el reloj, nos quedan unos diez minutos para despertarnos de nuestro estupor y reclamar fortaleza y determinación.

Nuestro mayor fracaso ahora no es tanto relativo a la política como a la imaginación. Debemos *imaginar* un mundo en paz, y luego trabajar desde ahí en retrospec-tiva. El mundo solamente puede estar en paz cuando la mayor parte de sus habitantes estén siendo alimentados, tengan vivienda y estén siendo educados; cuando la mayoría de sus habitantes reciban los cuidados médi-cos necesarios; cuando la mayoría de sus mujeres sean libres; cuando la mayoría de sus oportunidades estén disponibles para una cantidad más grande de sus mora-dores y cuando más de sus recursos sean compartidos de forma equitativa. Estas cosas no son simplemente "algo bueno" sino que son cruciales para la superviven-cia futura. Imagínese, por un momento los seiscientos millones de millones o más que los Estados Unidos gasta al año en cuestiones militares y de defensa (y esto no incluye la guerra en Iraq). Al retroceder treinta años, ¿qué tal que hubiéramos gastado la mayoría de ese dinero en los asuntos humanitarios mencionados anteriormente? ¿Qué tal que más personas en el mundo hubieran visto calcomanías de la bandera de los Estados Unidos en escuelas, carreteras y hospitales en sus comunidades en vez de en instalaciones militares? ¿No habría sido tan fácil, entonces, provocar tanto odio contra nosotros? ¿Es posible que no hubiera ocurrido un evento como el del 11 de septiembre?

Dichas preguntas son ridiculizadas por la situación política actual, pero en este punto no hay una sola persona consciente que no se detenga ante el escarnio de la situación actual. Aquellos que miran al mundo de hoy a través de un lente más parecido a como eran las cosas hace sesenta años, no serán quienes nos guíen hacia delante. Solamente avanzaremos con una nueva visión de hacia dónde deseamos ir. Y no hay forma de llegar ahí si nos olvidamos de nuestra profunda humanidad. Tenemos que hacer más que derrotar a un enemigo; debemos crear más amigos. En palabras de Martin Luther King, debemos hacer del mundo una "comunidad amada."

La política y la economía deben reflejar nuestra espiritualidad, de lo contrario, se mofarán de nosotros. La humanidad cambiará; la cuestión es si lo hacemos porque crecemos en la sabiduría o porque el dolor de no cambiar se vuelve tan intenso que no haya otra opción. Una bomba nuclear arruinará la vida y los negocios de todo el mundo. No tiene nada de astuto, ni desde el punto de vista económico ni desde ningún otro, hacer lo que deseamos hacer sin preocuparnos del efecto sobre los demás. En la actualidad, ese tipo de filosofía debe ser repudiado. Es hora de trascender las perspectivas limitadas modernas y reclamar un punto de vista más iluminado.

Se dice que cuando Ralph Waldo Emerson visitó en la cárcel a Henry David Thoreau después de haber sido sentenciado por sus protestas contra la guerra entre México y los Estados Unidos, le preguntó a su amigo qué estaba haciendo ahí y Thoreau le respondió: "¿Qué estás haciendo tú *allá fuera?*" Así es como se siente hoy ser alguien que grita "¡Falta!" con todos sus pulmones; cualquiera que no esté haciendo lo mismo tiene que estar desquiciado.

Con la edad se obtiene el sentimiento de que lo que uno sabe es lo que uno sabe, y que cualquiera que no esté de acuerdo, ya no tiene el poder de hacerlo cambiar de idea o de hacerlo callar. La única justificación necesaria para tener una opinión es que es su opinión. Uno puede estar en lo correcto o estar equivocado, pero bajo ninguna condición va a seguir callado. Como dijo Jesús en el Evangelio de Tomás: "Aquello que posees te salvará si lo pones de manifiesto. Aquello que posees en tu interior te matará si no lo pones de manifiesto."

Una de las formas en que podemos dar a luz un nuevo mundo es manifestándolo por medio de nuestras palabras. Y el *amor* no es una palabra débil. Una palabra, una oración, un libro, un diálogo, una conversación, un poema, un escrito, una canción a la vez... hablaremos del amor y nuestro mundo prevalecerá.

"MIS OJOS HAN VISTO LA GLORIA de la llegada del Señor: / Él aplasta la vid donde se guardan las uvas de la ira; / Él ha liberado el fatídico relámpago de Su espada rauda y terrible: / Su verdad sigue inexorable su camino."

Recuerdo cuando escuché a Judy Garland cantar en televisión la letra de "El himno de batalla de la República" después del asesinato del presidente Kennedy. Era demasiado joven para apreciar toda la importancia de lo que estaba ocurriendo, pero me podía dar cuenta por las lágrimas de mis padres y la presentación de Judy Garland que era algo malo, y que eso era histórico. La imagen visual de Garland entonando esa canción se quedó en mi mente por más de cuarenta años. Su mensaje sigue siendo una de mis afirmaciones favoritas, que no importa lo que suceda, no importa la cantidad de crueldad o injusticia en este mundo, la verdad de Dios siempre prevalecerá de alguna manera.

Tengo una amiga que ha estado en la cárcel desde que tenía diecisiete años. Ahora tiene treinta y cuatro. Su crimen fue que conducía un auto durante una transacción de compraventa de marihuana en donde alguien fue asesinado. Luego, esa noche, después de más de nueve horas de interrogación intensa de parte de la policía de Detroit, lograron manipular una confesión de su parte en donde decía que la venta de la marihuana había sido organizada y dirigida por ella. ("Sólo tienes que firmar aquí y puedes regresar a casa con tu madre.") Nadie le leyó sus derechos; no hubo ningún abogado presente. Y ahora esta hermosa mujer, quien a los diecisiete años no hubiera sabido en un millón de años cómo lidiar con la presión policíaca, está confinada en una celda incapaz de obtener la apelación de su sentencia que exigiera cualquier interpretación razonable de la justicia. Ella sueña, y muchos sueñan por ella, que llegará el día en que será finalmente liberada de su confinamiento y será libre para pasar el resto de sus días con alguna versión de una vida normal.

En una ocasión le pregunté qué quería hacer cuando saliera de la cárcel. Le dije que después de que visitara a su familia, la llevaría a donde ella quisiera. Yo estaba pensando en un centro de belleza. La playa. Donde ella quisiera.

¿Su respuesta? Prepárense para saberla.

Sus ojos se iluminaron: "A una farmacia CVS," dijo. "Me encantaría ir a CVS. Me fascinaría poder escoger mi propio tono de lápiz labial. He escuchado que allí hay muchas variedades. Aquí sólo se obtiene una tonalidad."

Sus ojos estaban llenos de esperanza, mis ojos brillaban con lágrimas.

Y cualquier día en que siento que mi vida no es exactamente lo que desearía de una u otra manera, pienso en Toni. Si usted todavía tiene la suerte de levantarse cada día, hacer básicamente lo que desea, y tratar de cualquier forma de arreglar algo que no funciona, entonces sigue en el juego. Algunas personas cometen errores en su pasado los cuales no pueden enmendar ni comenzar de nuevo.

Para poder "[aplastar] la vid en donde se guardan las uvas de la ira" (cancele por completo el odio) y "[libere] el fatídico relámpago de Su espada rauda y terrible" (*karma* y *justicia* son palabras más afables, pero no pienso editar el tema de Julia Ward Howe), Dios necesita de nuestra ayuda tanto como nosotros necesitamos de la Suya. La letra de la canción de Howe sigue: "Si Él murió para consagrar al hombre, vivamos para liberarlo." Si tan sólo así fuera.

Dios necesita que nos entreguemos para ser usados según Sus propósitos. Y con el fin de ser de utilidad para Él, debemos ser canales a través de los cuales Él pueda operar. Esa es la razón por la cual hacemos lo que hacemos, no solamente por nosotros, sino por Toni y por los millones de seres como ella, que sabemos en nuestros corazones hubiéramos podido ser fácilmente nosotros.

Y, POR SUPUESTO, AL FINAL DE TODO ESTO, después de tantos años de anhelos y luchas, logros y decepciones, dejaremos nuestros cuerpos. Todos esperamos ese túnel de luz, esa paz celestial de la que hemos leído, y la dicha de sentir que en el análisis final, esta vida no fue tan mala después de todo.

La muerte ha sido llamada nuestra "siguiente aventura," y cuanto más envejecemos, más resonamos con esa verdad. En las palabras de Carl Jung: "Contraernos ante la muerte es algo enfermizo y anormal que nos priva del propósito de la segunda mitad de nuestra vida." Esto no quiere decir necesariamente que la muerte es algo que debe entusiasmarnos. Pero es algo que debe ser aceptado con fe, la fe de que nada existe fuera del amor de Dios, la perfección de Dios o el plan de Dios. Si Él nos ha dejado aquí, por definición, nos ha dejado hacia una luz más poderosa.

Para mí, el pesar más profundo de la muerte es la idea de dejar a aquellos a quienes más amo. Pero luego pienso en aquellos que amo y que ya han muerto, a quienes veré de nuevo. Y pienso en aquellos a quienes dejaré cuando muera, quienes a su vez morirán y un día se unirán a mí en el más allá. El niño más pequeño, si es bendecido con una larga vida, morirá algún día. Entonces, ya sea que nuestro tren vaya más rápido o más lento, todos nos dirigimos al mismo destino. Y en el universo de Dios, el único destino es el Amor.

Saber que moriremos no hace la vida menos importante, de hecho, la hace más importante. Comprendemos que nuestra mortalidad crea un sentido de urgencia para usar la vida de manera sabia, apreciarla por completo, amar con más intensidad mientras todavía estamos aquí y podemos hacerlo. La mayoría de los jóvenes tiene en secreto la idea mágica de que cada uno de ellos será aquel que logrará escaparse de la muerte. ("¡La muerte no se atreverá a llevarme!") Y con este falso sentimiento de que la vida durará para siempre, viene ese desinterés casual de no ver lo seria que es. Cuando era joven, las únicas cosas que me tomaba seriamente eran las cosas banales. Fue solamente con la edad que llegué a ver lo importante, lo verdaderamente importante que es la simple existencia de la vida por sí misma.

Cuando uno es más joven, jamás se le ocurre que cuando uno llama a un amigo no es una de la infinita cantidad de veces que tendrá la oportunidad de hacerlo. Una vez que uno aprecia plenamente que cada experiencia en el mundo material es finita, comprende lo fascinante que es ser capaz de realizar una llamada telefónica. Como dice con frecuencia mi amiga Sarah: "El tiempo se agota". Es cierto.

Damos por hecho cosas sin saber lo efímeras que son. Cuando somos jóvenes, no sabemos, excepto desde el punto de vista intelectual, pero aun así no lo creemos, que no tendremos siempre energía o brillo infinitos. Cuando la edad nos obliga a ver todo lo que se ha ido, nos sorprendemos y sufrimos al darnos cuenta de todas las cosas que se han ido y nunca volverán.

Pero luego algo pasa cuando superamos el dolor... algo sutil pero inmenso. Lo que ocurre se opone a las ideas de este mundo. Siempre vemos a las personas mayores en una cena o en el teatro, y vemos con piedad sus vidas reducidas. Lo que no llegamos a comprender, ¿cómo hubiéramos podido en ese entonces?, es que muchos de esos hombres y mujeres existían en un universo paralelo en donde nos miraban a *nosotros* como los merecedores de su piedad, al no haber comprendido todavía de lo que la vida se trataba o para lo que era en realidad. Ellos se divertían, quizá más de lo que nosotros pensábamos. Veían quizá lo que nosotros no veíamos todavía. Lo que ocurre ahora es que hemos entrado en su mundo. Y no era lo que esperábamos. Es lo que nosotros deseamos que sea...

> *Querido Dios:*
> *Con la edad,*
> *hazme aún más*
> *la persona que Tú deseas que yo sea.*
> *Para así conocer la dicha de la vida*
> *antes del fin de mis días.*
> *Amén*

EN MI PROGRAMA DE RADIO, ENTREVISTÉ A UNA MUJER que llevaba veinte años sufriendo de la enfermedad de lupus. Había estado casada por muchos años con un hombre que le había dicho una Nochebuena, mientras ella empacaba los regalos de sus hijos pequeños, que no quería seguir casado con ella, había perdido a uno de sus hijos de forma repentina en un accidente violento y ahora estaba casada con un alcohólico. Sentí mucha admiración por ella, por el hecho de que se levantaba cada mañana para enfrentar un nuevo día. Cualquiera de las cosas que le habían pasado a ella, me hubiera dejado postrada por años.

No sé qué es lo que hace que siempre seamos capaces de seguir adelante. Cuando pienso en lo que algunas personas han vivido, desde Auschwitz a Ruanda o Iraq hasta los estadounidenses ordinarios tratando de sobrevivir, apenas puedo soportarlo. Algunas veces pienso que los océanos son una manifestación material de las lágrimas de la humanidad. Es evidente que existe cierta tenacidad, un anhelo más profundo de seguir adelante, que yace en el corazón de la experiencia humana. No creo que nos aferramos a la vida por la única razón de que tememos la muerte. Creo que nos aferramos a la vida en razón de una certeza profunda de que hay algo que todavía no ha sucedido. Como el salmón que nada contra la corriente, sabemos por instinto que estamos aquí para contribuir a un drama mayor de lo que como individuos hubiéramos podido imaginar, mucho menos describir.

Al final de la obra maestra de Stanley Kubrick, *2001: Odisea del espacio,* aparece un bebé flotando en el espacio exterior. Es un hecho que ésta es la máxima meta: el nacimiento de una nueva humanidad. Pero para que ese bebé nazca es necesario que alguien lo engendre, y ese alguien somos ustedes y yo. Concebido en nuestras mentes y en nuestros corazones, será lactado por nuestras acciones compasivas. Y este ser delicioso y deleitado se está gestando en nuestro interior. Es cierto que abundan las guerras y los rumores de guerra. Pero las personas siguen enamorándose. La gente sigue arrepintiéndose de sus errores. La gente sigue perdonando y pidiendo perdón. Y la gente sigue con esperanzas y orando. La clave, cuando uno mira a la muerte de frente, es proclamar la vida. Y esto es lo que estamos haciendo.

Creo en un Dios compasivo a Quien sólo le basta un momento de lucidez divina, un momento de oración, un momento de deseo genuino y humilde de hacer las cosas bien con amor, para inspirar Su intervención en el drama irresponsable de una humanidad irreflexiva. Cuando miramos, no hacia atrás ni hacia delante, sino en nuestro interior, vemos una luz que es más grande que la oscuridad del mundo, una esperanza que sobrepasa la comprensión del mundo, y un amor que es más grande que el odio del mundo.

Al ver esa luz, debemos seguir a través del canal del nacimiento hacia el renacimiento de la humanidad. Aunque nuestra labor es larga y de alguna manera dura, nacimos para algo grandioso y precioso. Nacemos para convertirnos en nuestro ser verdadero. Y jamás volveremos a conformarnos con nada menos que con lo que verdaderamente somos.

Querido Dios:
Que el amor prevalezca
en nosotros y en el mundo.
Amén

AGRADECIMIENTOS

Por lo general, en la portada de un libro hay sólo un nombre, pero todo libro es de alguna manera un esfuerzo colectivo. Esto nunca fue tan cierto como en el caso de éste.

Mis más profundos agradecimientos a:

Maya Labos por iniciar los sucesos que me llevaron a Hay House. Aunque no es un regreso a casa literalmente hablando, no deja de serlo.

Reid Tracy por ofrecerme un hogar.

Louise Hay por ser tan atractiva y productiva a sus ochenta años.

Shannon Littrell por su ayuda generosa y significativa con el manuscrito.

Jill Kramer, Amy Rose Grigoriou, Courtney Pavone, Jacqui Clark, Margarete Nielsen y Jeannie Liberati en Hay House por una profunda mezcla de excelencia y bondad.

Wendy Carlton por sus ediciones maravillosas y arduas que me enseñan y me inspiran tanto.

Andrew Harvey y Andrea Cagan, mis "parteras literarias," por colocarme en la senda literaria, haciéndome sentir que es ahí adonde pertenezco e insistiendo en que permanezca en ese camino.

Tammy Vogsland por mantener la tierra firme bajo mis pies mientras escribo.

Wendy Zahler por su apoyo maravilloso y por sus excelentes vegetales.

Richard Cooper, Diane Simon, Alana Stewart, Alyse Martinelli, Carolyn Samuell, Matthew Allbracht, Stacie Maier, David Kessler, David Perozzi, Victoria Pearman, Suzannah Galland, Lila Cherri y Gina Otto por el apoyo de su amistad. Y a Mary Ann Cheek por la comodidad del hogar.

Mi madre por todo. Y a Ella Gregoire por una bendición extraordinaria.

Oprah Winfrey por sus infinitas oportunidades en el mundo y en mi alma.

Wayne Dyer por la calidez que me rodea incluso cuando no puedo llegar a ti.

Bob Barnett por sus sabios consejos.

India por su formidable asistencia editorial y por un millón de otras cosas.

Las muchas personas alrededor del mundo que apoyan mi trabajo y han sido tan gentiles conmigo, con más gratitud de la que pueden imaginar.

Y a unos cuantos más, por supuesto, ustedes saben quiénes son...

ACERCA DE LA AUTORA

Marianne Williamson es una conferencista aclamada internacionalmente y autora de los libros de mayor venta: *A Return to Love, The Healing of America, A Woman's Worth* e *Illuminata,* entre otras obras. Marianne ha organizado una infinidad de proyectos de caridad a lo largo del país para el servicio de personas con enfermedades mortales (es fundadora de Project Angel Food en Los Ángeles); y de la organización popular sin ánimo de lucro llamada The Peace Alliance, cuya finalidad es fomentar una cultura de paz.

Página de Internet: **www.marianne.com**

Esperamos que haya disfrutado este libro de Hay House. Si desea recibir un catálogo gratis con todos los libros y productos de Hay House, o si desea mayor información acerca de la Fundación Hay, por favor, contáctenos a:

Hay House, Inc.
P.O. Box 5100
Carlsbad, CA 92018-5100

(760) 431-7695 ó (800) 654-5126
(760) 431-6948 (fax) ó (800) 650-5115 (fax)
www.hayhouse.com®

Sintonice **HayHouseRadio.com®** y encontrará los mejores programas de radio sobre charlas espirituales con los autores más destacados de Hay House. Si desea recibir nuestra revista electrónica, puede solicitarla por medio de la página de Internet de Hay House, de esta forma se mantiene informado acerca de las últimas novedades de sus autores favoritos. Recibirá anuncios bimensuales acerca de: Descuentos y ofertas, eventos especiales, detalles de los productos, extractos gratis de los libros, concursos y ¡mucho más!
www.hayhouse.com®